SOU・SOUの日本のおしゃれ

【新・和装いろは帖】

Fashionable Japanese

伝統の続きにある和装のかたち、デザインを知る

WAVE出版

はじめに

着物は、かつて日常の「着る物」でありました。
明治以降の急激な西洋化で、着物を着る人が減ってしまい、
「着つけ」が登場し、やがて特別な日の衣装となったのです。
今の着物は江戸の頃には現在の型になっていたそうで、
じつに１０００年以上変わらない大定番ファッション。
風土の中で育まれ、母からおばあさん、その先の人々が着続け、
マイナーチェンジを繰り返してきた伝統衣装には、
「日本の美の本質」を宿しているように思えます。
着物をまとうと、着ている本人だけでなく着姿を眺めるまわりの人々も
「日本人っておしゃれ」と目が悦ぶのは、やはり大きな魅力です。
晴れ着として最高の伝統を伝えることも大事ではありますが、
日々の生活のなかで自分たちの国のおしゃれの
美しさやおもしろさを近しく実感できたらもっとすてき。
まずはふだんに着て、自由に楽しめるおしゃれ着をと考え、
ＳＯＵ・ＳＯＵが手がけてきたのが「新・和装」のジャンルです。
洋服と同じに走れて自転車に乗れて、日常に動きやすく。

着物の衿や袖、直線になった和のシルエットに、
染めや織りなどメイド・イン・ジャパンの職人仕事を活かして。
時代で変えるべきものと、時代を超えて受け継ぐべきものを見極め、
そのために心がけてきたのは「伝統」を身近にすること。
自分たちとつながっている和装ファッションの流れをたどり、
洋服にはない、和装独自の伝統的なかたち、
呼び名や、その意味合いを大切なレシピとしてきました。

本書はそうしたＳＯＵ・ＳＯＵの創作レシピをひもとき、
和装の伝統的な用語に、ＳＯＵ・ＳＯＵから誕生した新・和装の新語も加え、
いろは順にピックアップして記したものです。
つまり衣装文化の事典的な本ではなく、ＳＯＵ・ＳＯＵ流の解釈で綴った
「日本のおしゃれのかたち」断片集といった一冊です。
力まず構えず、おしゃべりするみたいに気軽にページをめくって、
和装のおしゃれへ興味をもつきっかけになれば幸いです。

目次 | contents

本書のデザイン構成「いろはカルタ」について

＊四十七字、すべての仮名を使って文字を学ぶ、手習い歌「いろは歌」がもと。＊「いろはカルタ」は、江戸・大阪・京都と土地によって内容が異なるそう。本書はSOU・SOUの地である京都の「いろは」を典拠とし、四十七文字＋末尾「京」の字を添えています。＊本文の左下には、それぞれ「いろはカルタ」の句を昔の表現のまま載せています。

は じめに		
い 伊勢木綿	いせもめん	2
ろ 絽	ろ	6
は 羽織	はおり	8
は 博多帯	はかたおび	10
は 袴	はかま	12
に 二部式	にぶしき	14
ほ 頰被り	ほっかむり	16
ほ 本藍	ほんあい	18
へ 兵児帯	へこおび	20
と 共布遊び	ともぬのあそび	22
ち 縮	ちぢみ	24
ち ちゃんちゃんこ	ちゃんちゃんこ	26
り 鳥獣戯画	ちょうじゅうぎが	28
ぬ 略礼装	りゃくれいそう	30
る 抜き衣紋	ぬきえもん	32
を 瑠璃紺	るりこん	34
	をじぎ［コラム］	36
		38

わ 和傘	わがさ	42
か 片身替わり	かたみがわり	44
か 傾き者	かぶきもの	46
か 絡げ	からげ	48
か 枯山水	かれさんすい	50
か 貫頭衣	かんとうい	52
よ よろけ縞	よろけじま	54
た 足袋	たび	56
れ 暦	れき	58
そ 草衣	そうい	60
そ 草履	ぞうり	62
そ 袖括り	そでくくり	64
つ つづくし	づくし	66
ね 鼠色	ねずみいろ	68
な 長襦袢	ながじゅばん	70
ら 羅紗	らしゃ	72

ゐ	ゐっぷく［コラム］		78
の	野点	のだて	80
お	帯締め	おびじめ	82
く	久留米絣	くるめがすり	84
や	やたら編み	やたらあみ	86
ま	間	ま	88
け	下駄	げた	90
ふ	富士	ふじ	92
こ	小袖	こそで	94
こ	小巾折	こはばおり	96
え	絵師	えし	98
え	えんゆう穿き	えんゆうばき	100
て	手捺染	てなっせん	102
あ	誂え	あつらえ	104
あ	脚結	あゆい	106
さ	座布団	ざぶとん	108
き	きさらぎ	きさらぎ	110
ゆ	浴衣	ゆかた	112
め	名物裂	めいぶつぎれ	114
み	みたて衣	みたてごろも	116
し	地下足袋	じかたび	118
し	絞り染め	しぼりぞめ	120
し	襦袢	じゅばん	122
し	甚平	じんべい	124
ゑ	ゑんむすび［コラム］		126
ひ	備前笠	びぜんがさ	128
ひ	単衣	ひとえ	130
ひ	被風	ひふ	132
も	もじり袖	もじりそで	134
も	モスリン	もすりん	136
も	もんぺ	もんぺ	138
せ	背守り	せまもり	140
せ	扇子	せんす	142
す	頭巾	ずきん	144
京			146
	ＳＯＵ・ＳＯＵのおしゃれ栞［和装の資料・用語補足］		147

懐かしく新しい木綿

伊勢木綿

【Ise Cotton】

江戸時代から250年以上続いている伝統の木綿織物。和装に手ぬぐい、袋ものの生地まで、SOU・SOUのものづくりの核になっているのが、この伊勢の国の布「伊勢木綿」です。

布選びの一番のポイントは、とびきりの肌触りのよさと、使うほどになじむ素朴な風合い。唯一の織元「臼井織布」では強い撚《よ》りをかけず、天然の糊《のり》で固め、明治時代の機織り機で、ゆっくり丁寧に織られています。

糸に無理をさせずに織り上げた木綿の布は、洗うたびに糸が綿《わた》に戻ろうとして、生地がふわっとやわらかくなるのです。布は自然の一部、と気づかせてくれる伊勢木綿の懐の深さ。反物には伝統柄とSOU・SOUの新柄があり、どちらも心豊かなストーリーを宿しています。

【関連】
綿布、木綿織物、手ぬぐい、伝統の布

[P.06] 昔ながらの製法を守る伊勢木綿。1台の織機で1日1反（13m）しか織れない
[P.07] 伊勢木綿の反物は新旧のデザインが豊富。いずれも［臼井織布 謹製］
右：先染めの反物、柄は伝統の縞
左：後染めの反物、柄は「菊」

7

絽

【Gauze】

「絽」は、夏衣の代表的な織り方の一つ。適度な隙間（絽目）が涼しさを醸し、透かしのテクスチャーがポイントです。

絽といえば絹ものが一般的ですが、リネンの着心地が人気の今、麻糸を使った絽は注目です。

知多半島でつくられているこの「麻絽」は、かなり熟練の技を要するもの。繊細な麻糸と綿糸を、タテ糸にヨコ糸をからませた「からみ織り」という手法で織り上げた生地は、軽やかでハリがあり、かつ丈夫。涼やかな見た目と着たときの涼感が見事にあわさった上質な素材です。

夏のお出かけに、麻絽の上衣をさらっと一枚。風をはらみ、光を透かし、心と体に涼を運びます。

【関連】
麻絽、絹絽、綿絽、絽目、からみ織り

[P.08-09] 冷房冷えに備えた室内着にも最適。羽織ものは「宮中袖」。織元は［新美株式会社 謹製］
シャツは「立襟風靡」、柄は京都の絵師・木村英輝（P.98）による「flying elephants」
濃紫のスカートは「こしき」

羽織

【Haori Jacket】

ジャケットのように着こなす

着物の上にまとう「羽織」は、洋服でいうジャケットやハーフコートのようなもの。正装感の出るおしゃれ着であり、寒い日の防寒着でもあります。

もともと羽織は男性の着物だったものを、深川芸者が着はじめたとか。江戸のファッションリーダーは花街《かがい》でしたから、「男ものを着こなす姿がカッコイイ！」なんて声が広がって流行し、着脱がラクで着心地がよいから女羽織も定着したのでしょう。

SOU・SOUの「小袖羽織」は、ウエストを絞らない直線シルエットでふわりとやわらかく、羽織の紐を結んで凛々しく、表情さまざまに楽しめて。シャツやスカートにあわせても、どことなく和を感じさせる一枚です。

【関連】
羽織紐（はおりひも）、小袖羽織（SOU・SOU名：こそでばおり）

アイテム

[P.10-11] 和洋に着こなせる羽織ものは「小袖羽織」。大胆な柄は「大滝」、長丈濡羽色のスカートは「こしき」、違い袖のシャツは「狭風靡《せばふうび》」
足もとは「座敷足袋」、柄は「がんじがらめ」、「みかも下駄 白木 芳町《よしちょう》」

波
{ha}
は
かたおび
着物上手の愛され帯

博多帯

【Hakata-ori Sash】

「博多帯」ほど、安心できる帯はありません。締めやすく着くずれしにくく、歌舞伎役者や力士など、多くの着物上手に愛され続けてきたのが何よりの証し。

その歴史は770年以上。「献上帯」と呼ばれるゆえんは、筑前藩主・黒田長政が幕府の献上品としたことにあります。

特徴は帯柄の3つのモチーフ。仏具の独鈷（どっこ）、華皿（はなさら）、縞。線の太さを親子に見立ててデザインされた縞柄には、子孫繁栄や家内安全の願いが込められています。

博多織の老舗とコラボした、SOU・SOU流の「新献上帯」。伝統柄をおさえつつポップにアレンジした帯が、着物の楽しみをたっぷり教えてくれます。

【関連】覇家台織（はかたおり）、献上帯（けんじょうおび）、献上柄（けんじょうがら）

[P.12] 女性の半巾帯、男性の角帯どちらも両面使えるリバーシブル。ともに [織屋にしむら織物 謹製]
[P.13] しゃきっとしたコシのある締め心地に定評がある博多帯。
右：女性の博多帯は金黄土色の半巾小袋帯、浴衣の柄は「版画」
左：男性の博多帯は濡羽色の角帯、浴衣の柄は「文《ふみ》」

凛々しき男袴スタイル

袴

【Hakama Trousers】

「紋付袴」とは、紋つきの着物に羽織、袴というコーディネートのこと。「袴」はお茶会や結婚式などに着る、男性の和装のフォーマル着です。

凛《りん》とした佇まいの袴姿は、日本男児を、よりかっこよく見せるアイテム。そこでカジュアルな袴として、SOU・SOUが考案したのが「袴形」です。「形」は「なり」と読み、姿のこと。全体にタックが入り、袴のプリーツ感を醸し出したワイドパンツに、紐も腰脇で結んで、ラフに。普段のおしゃれにはきやすい形へと進化しました。

【関連】紋付袴（もんつきはかま）、野袴、袴形（SOU・SOU 名：はかまなり）

[P.15] 右：伝統的な袴（私物）＋SOU・SOUという外しのコーディネート。紐は十文字に結ぶ
合わせている着物の柄は「雲龍」
左：やわらかなシルエットの「袴形」、柄は「がんじがらめ」。紐は脇でカジュアルに結ぶ
上衣は「半襟風靡」

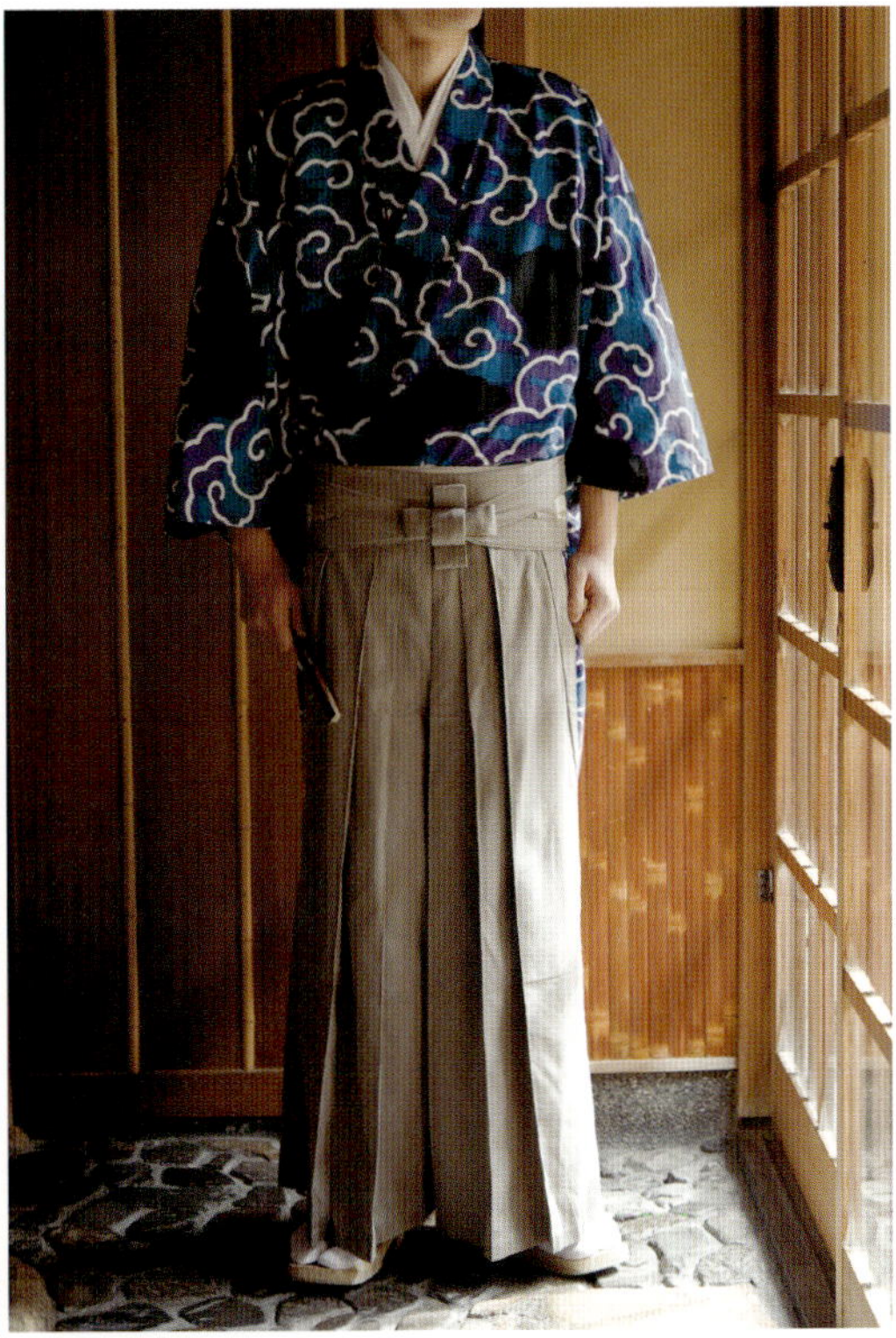

耳
{ɲi}
にぶしき
カジュアルユースの新和装

二部式

【Two-piece Type Kimono】

着つけができなくても簡単に着られるようにと、着物を上下に分けて仕立てたものが「二部式」です。さらに一歩進んで、現代の日常着として考案したものが、SOU・SOU流の二部式。女性ものの「草衣」（P.60）とともに、ここで紹介する男性ものの「風靡」は、着物の次をイメージして創作した二部式です。

　衿や袖の形、腰まわりに博多帯を縫いつけた、和服の要素をアクセントに。なによりトップとボトムに一つの生地をまとう和装のスタイルは、普段のメンズファッションにあまりないもの。和のシルエットの着なれアイテムとしても有効で、おまけにセパレートで着用OKと、着回しも楽しめます。

【関連】二部式着物（にぶしききもの）、風靡（SOU・SOU名：ふうび）

[P.16] 和空間にしっくりなじむ男性ものの新・二部式着物「風靡」。上下ともに柄は「鳶《とび》」
[P.17] モスリン生地の「風靡 上下」。ポケットあり、帯部分には伊達締帯がつけられている

頬被り

【Kerchief】

頭と頬を覆った「頬被り」は、手ぬぐいの使い方の一例です。用途としては、外仕事のときの日除け、掃除のときのホコリ除けで、頭を保護する役目として被ります。サッと頭を覆って、サッととることができて。昔の人は手ぬぐいを簡易の帽子や頭巾がわりに、工夫して使っていたようです。

被り方にも、頭から被って顎下で結ぶベーシックスタイルの他、時代劇の鼠小僧のように鼻下で結んだり、結ばずに布端を折って処理したり。細かいアレンジをしながらおしゃれに被っていたよう。

現代の手ぬぐい被りは、若い女性から発信。かわいい柄手ぬぐいを使えば十分ファッションナブル。自分らしい被り方を編み出してみては。

【関連】手ぬぐい頭巾、鼠小僧、鼻掛け、姉さん被り（あねさんかぶり）

[P.19] 乙女の手ぬぐい被りはかわいさ優先の結び方

右：伊勢木綿の手ぬぐい、柄は「花椿」。上衣は「薙《なぎ》ジバン」

左：有松鳴海《ありまつなるみ》絞りの手ぬぐい、柄は「豆絞り」。上衣は「大帷短丈《おおかたびらみじかたけ》」、柄は「すずしろ草と影」

本藍

【Natural Indigo】

【関連】青、藍染め、ジャパンブルー、藍捺染（あいなっせん）

天然の藍のことで、古くから伝わる植物染料の代表格。明治時代に来日した外国人は、生活に根づいた日本の藍色の美しさを「ジャパンブルー」と讃えたとか。最近はサッカーの日本代表の色にも使われているこの「本藍」の青は、世界を魅了する私たちの国の色です。

深く鮮やかな藍色は、染めの工程を繰り返し、かなりのエネルギーを注ぐ根気仕事。さらにその藍で柄を描くのは至難のワザとされていました。

近年、その藍染めに革新的な新技法が誕生。藍を原料に手捺染（P.102）で柄づけし、いろんな柄を藍で描ける［藤田染苑］の「藍捺染」は世界唯一のもの。

SOU・SOUの藍染めの世界に、ジャパンブルーの新しい扉が開かれています。

[P.21] 藍捺染で描いた柄「間がさね」[藤田染苑 謹製]。小さな水玉や縞、格子のリズミカルな構図が楽しい羽織ものは「もじり袖」

【関連】兵児（へこ）、扱帯（しごきおび）、子ども浴衣

兵児帯

【Waist Band】

名称の由来は「兵児《へこ》」という薩摩弁で青年のことで、薩摩兵児が締めていた帯が明治維新とともに広まったといいます。

　体を締めつけない、幅広でやわらかい生地の兵児帯は、近年は男性ものと限らず、女性や子どもにも愛用されてきました。むずかしい帯結びが要らないので、「お祭りに浴衣を着たい」と思いたってすぐにワードローブに加えられるのがうれしいアイテムです。

　とくに、子どもの兵児帯姿はたまらなく愛らしい。やわらかいシフォンの布地を腰に巻いただけ。蝶々の結び目を羽のようにふわっと広げれば、帯一本で華やぎます。

[P.23] 兵児帯つきの浴衣は「いせもめん ゆかたびら」、柄は「けんらん」。はじめての着物スタイルにおすすめ

止
{to}
ともぬのあそび
同布で作るお揃いもの

共布遊び

【Utilization of Textile Waste】

着物や帯を反物から誂《あつら》えると、たいてい余り布が出てきます。その「共布」でバックをつくったり鼻緒に使うなど、お揃いの小物をつくるのは、昔から着物世界のしゃれた遊びでした。

SOU・SOUでも「共布遊び」はひそかな人気です。「染めおり」のハギレ販売コーナーでは「自分の服と同じハギレを見つけたら、とりあえず手に入れておく」という方も。ぶきっちょさんや時間がない人には、手ぬぐいを共布に使うアイデアも。たとえば写真のように、手ぬぐい2枚の布端をちょちょいと縫いつなぐと首巻きになります。そして親子やご夫婦での、共布遊びも楽しいもの。統一感をもった愛情深いおしゃれにひと役買います。

【関連】
共地（ともじ）、ハギレ、かけはぎ

[P.25] シャツとお揃いの手ぬぐい柄「東山三十六峰」に、色調の合う柄「花がさね 小 菜種色」を縫いつないで首巻きに
上衣は「大帷短丈《おおかたびらみじかたけ》」、柄は「東山三十六峰」

スタイル

千

{tʃi}

ち

ちぢみ

縮

【Chizimi Textile】

強く撚《よ》った糸を使って織り、細かいしぼ（ちぢみ）とシャリ感をつくった織り方のこと。絹、麻、綿などの糸を使った縮の織物があり、夏衣の生地として用いられます。

なかでも綿縮の産地、滋賀県高島市で生産されている「高島縮」は江戸時代から続く伝統の布であり、今もステテコをはじめ肌着として広く活用されています。その生地のクオリティの高さは、本物。ＳＯＵ・ＳＯＵでは、さまざまなアイテムに使っていますが、一度着ると必ずぞっこんになってしまう布なのです。日本の気候風土に合い、湿気のある時季も汗を吸ってさらりとした着心地。洗っても乾きが早いので、旅着にもよい。なにより日本人の肌にぴったりと合った布です。

日本の気候風土に適した布

【関連】高島縮（たかしまちぢみ）、綿クレープ、楊柳（ようりゅう）

[P.26] 強撚糸をタテ糸に使用していることで生地が伸び縮みし、汗をかいても肌に張りつかない
高島縮の「えんゆう穿き」、柄は「小さな花」

[P.27] 湿気のある夏もさらっとした着心地の高島縮は一度着るとハマる
「薙刀長方形《なぎなたちょうほうけい》衣」、柄は「うらら 嬉々《きき》」

ちゃんちゃんこ

【Padded Jacket】

袖のない羽織で、昔はたいてい古い着物や羽織を仕立て直した手づくりのリメイク品。綿を入れ、冬の寒さをしのぐ、子どもやお年寄りの家庭着とされてきました。

思えば薄手のダウンベストは、現代版のちゃんちゃんこ。SOU・SOU製は、表地には伊勢木綿の手ぬぐいの生地、中綿にはサンステートⅡという機能素材（同じ厚みならダウンの2倍の保温力があるスグレもの）を使い、伝統スタイルを踏襲しました。

姿かわいく、暖かさは高機能。手足ののびのびと着こなせるちゃんちゃんこが、外遊びの子どもたちを元気に守ってくれますよ。

【関連】
綿入れ（わたいれ）、綿抜きの朔日（わたぬきのついたち）、丹前（たんぜん）、半纏（はんてん）

[P.29] 軽くてやわらかく、暖かな着心地。スカート、パンツ両方に合う「いせもめん わた入り ちゃんちゃんこ」柄は右から「はなつばき」「まがさね みやび」「つきとほし」

千

{tʃi}

ち ょうじゅうぎが

平安のポップデザイン

鳥獣戯画

【Choju-Giga】

およそ８００年前に描かれた、日本で最も有名な絵巻、国宝『鳥獣戯画』。甲・乙・丙・丁と全４巻に描かれているのは、ウサギにカエル、サルたちが人間のように遊戯や祭事をおこなう姿。作者は不明ですが、動物をこんなふうに擬人化して描いたものは、当時世界でも類がない珍しいもので、現代のマンガのルーツともされています。

２０１５年、京都・高山寺の了承を得て、鳥獣戯画×ＳＯＵ・ＳＯＵのテキスタイルが融合した『雲間と鳥獣戯画』を発表。ポップでいきいきとした、新しい魅力を得た鳥獣戯画グッズは、老若男女、幅広い世代の人気を得ています。

【関連】

国宝絵巻、京都・高山寺、戯画

[P.31] SOU・SOU×鳥獣戯画 コラボレーションしたポップなデザインで、サルもウサギもますます生き生き

右：「雲間と鳥獣戯画」柄の御朱印《ごしゅいん》帖

左：「雲間と鳥獣戯画」柄の風呂敷

テキスタイル

略礼装

【Semiformal Attire】

正式な礼装に対し、簡略した礼装。一般に、男性なら黒いスーツ、女性は黒や濃紺のワンピースやパンツスーツなどブラックフォーマルを指します。

SOU・SOUが提案する「略礼装」は、まず弔事には、女性は光沢をおさえた黒いワンピース、男性は黒に白衿をきかせた、モノトーンのセットアップ。弔事の「白」について余談ですが、和服が主体の明治以前、日本の喪服の色は白が正装だったとか。

男女ともこの略礼装に、インナーや羽織もの、ストールなどの小物に、一つ色柄アイテムを足すと、結婚式・入学式などハレの日にも着回せて、一枚あると重宝な新しい和の略礼装です。

【関連】
喪服、ブラックフォーマル、インフォーマルスタイル

[P.32] 濡羽色（黒色）でコーディネートした、喪の装い
男性：インナーは「半衿風靡《ふうび》」、ズボンは「風靡 下 博多」、羽織ものは「宮中袖 間 単衣」
女性：ワンピースは「長方形衣《ちょうほうけい》」、羽織ものは「小袖貫衣《こそでかんい》」、バッグは「革穏《かわおだやか》 小」

[P.33] 右ページのコーディネートに色柄のアイテムを加えた、ハレの装い
男性：インナーは「風靡 上」、柄は「けんらん 宝来《ほうらい》」。女性：羽織ものは「小袖貫衣」、柄は「日々」

きえもん

抜き衣紋

【Pulled Back Collar】

衿もとの美が際立つ衣

着物ならではのスタイルのひとつが、「衣紋を抜く」こと。後ろ衿を引き下げて首筋を出す着方は、江戸の女性を描いた浮世絵などでも見られます。大きく結った髪形とのバランスや髪につける鬢《びん》つけ油で衿が汚れないように、「抜き衣紋」が定着したという説も。衿を下げると涼しくもなり、また首を長く見せる効果もあるといわれます。

SOU・SOUが考える新しい和装は、「日本人って美しいな」と思えるデザインの継承。そこで抜き衣紋のディティールから生まれたのが、「抜衿ジバン」です。首からうなじのラインをチャーミングポイントに、V字カットになっています。

【関連】抜き衿（ぬきえり）、抜衿ジバン（SOU・SOU名：ぬきえりじばん）

[P.35] 右：抜き衣紋をデザインしたインナー「抜衿ジバン」
重ね着したワンピースは「ゆかたみたて」、柄は「ちぎれ雲」
左：モスリン着物、柄は「間がさね」。着物の衿の抜き加減で表情が変わる。一般的にはこぶし1つ分

瑠璃紺

【Dark Blue Lapis Lazuli】

緑や花々に映える濃青

「瑠璃紺」は瑠璃（ラピスラズリ）のように、透き通ってどこまでも濃い青色。近世風俗志『守貞漫稿《もりさだまんこう》』によると、やや明るく派手に染めた色調の藍染めで、江戸の街では小袖の色として大流行したとか。

瑠璃紺を含め、美しい伝統の色名が日本には１０００以上もあるそう。その多くが植物や生き物、季節のうつろいや自然をヒントに生み出された色の名前です。ＳＯＵ・ＳＯＵの製品は、これらの伝統の色名で呼びます。黒色は濡羽《ぬれば》色、赤色は深緋《こひき》色。そして写真の衣は青色でなく瑠璃紺色と。日本の美しい呼び名をもつ色を身にまとう。それだけで豊かな心地がします。

【関連】
紺瑠璃（こんるり）、瑠璃鉄、瑠璃花色

[P.36-37] 自然の中にたたずむと、ひときわ色が映える瑠璃紺色
ワンピースは「薙刀貫頭衣《なぎなたかんとうい》」、モスリン生地で発色とシルエットが美しい

美しい姿勢は美しい正座から

人をすてきに見せるのは、おしゃれな衣服だけでなく、その人の立ち居ふるまいの所作。その日常の動きを美しく見せる基本は、姿勢です。とくに座った上半身の姿勢、きれいな「正座」が身につけば、立ち上がっても、歩いても、さらに動きが軽やかに美しくなるはずです。

背すじをピンと伸ばす

顔は正面、アゴを引き、お腹とお尻を引き締めます。頭のてっぺんからお尻まで、一直線になるように意識して背すじをまっすぐに伸ばし、一本の花になったようにスッと座ります。

女性の正座

膝と膝の間を閉じます。手は左手を下にして自然に重ねます。

男性の正座

膝と膝の間を握りこぶし一つ分ほど開け、手は股の上に自然に置きます。

をじぎ

「真」「行」「草」のおじぎ

「おじぎ」は、心をつくす礼であり、日本ならではの挨拶です。立った姿勢からの「立礼」、座った姿勢からの「座礼」があり、どちらにも「真」「行」「草」の3つのおじぎがあります。T.P.O.で使い分けますが、それぞれ呼吸に合わせ、ゆっくりとおじぎすると美しく見えるようです。そして、いずれの形も心を込めることが大事です。

【真】の座礼

深いおじぎ。背筋は伸ばしたまま、手のひらを畳につけ、目線を相手の膝頭に置き、上体ごと深くおじぎします。

【行】の座礼

【真】と【草】の中間のおじぎ。手の指を畳につけ、目線を相手の胸元に置き、上体ごとやや浅くおじぎします。

【草】の座礼

浅いおじぎ。指先を膝前の畳につけ、目線を相手の口もとに置き、上体ごと浅くおじぎします。

暑さやわらぐ傘の花

【関連】
唐傘（からかさ）、番傘（ばんがさ）、京和傘、和日傘

和傘

【Japanese Umbrella】

使う用途は同じでも、「和傘」と洋傘では造作が違います。洋傘は生地が外で骨は中ですが、和傘は逆で、骨は外で、生地は内側を包んでいます。和傘の手仕事の妙に気づくのは、傘をさしたとき。内側からふと見上げたときに見える「かがり」と呼ばれる飾り糸のデザイン美に、使うたび心が和らぎます。

手仕事の和傘は、全国にわずか10社ほどになってしまったなか、SOU・SOUがコラボレートしているのは京都で唯一の和傘製造元「日吉屋」。百数十年の受け継がれた伝統の技術と、SOU・SOUのテキスタイルを用いて、ポップな和傘が誕生しました。和傘の使い方は、頭の方を握るように持ち歩き、軒先に立てる場合も、頭を上にしてください。

[P.42] 和日傘は目の詰まった綿生地にはっ水加工が施されている。柄は「SO-SU-U 」[日吉屋 謹製]
[P.43] 色柄ポップな和日傘はじつはコーディネートがラク。柄もの同士でも引き立て合う羽織ものは「小袖羽織《こそでばおり》」、柄は「ひなたぼっこ」

加
{ka}
か
たみがわり
色遊び柄遊ぶをまとう

片身替わり

【Asymmetric Design】

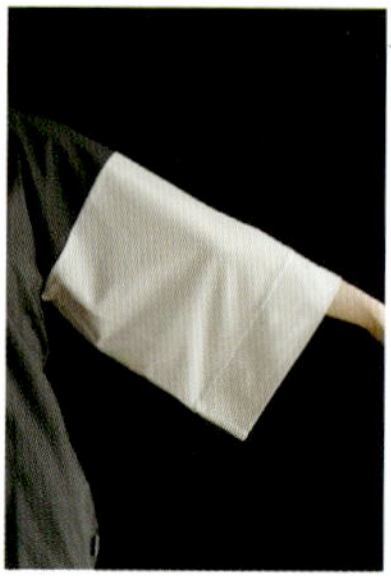

「片身替わり」とは、右半身と左半身、パーツの一部の模様や色が変わっている衣服のこと。室町時代以前から存在し、桃山時代に流行したデザインといわれています。

数百年の時を経た今、ＳＯＵ・ＳＯＵでも根強い人気があり、定番的にいろんな服に取り入れてきました。

片身替わりには、不思議な魅力があって、ハンガーにかかっているときよりも、人が着てみるとぐんと印象が引き立ちます。たとえば写真の着物風パンツ。動くたびに、ちらっとのぞく模様がはっとするようなみずみずしさを放つ。片身替わりの切り替えは遊び心、着る人を開放する力をひそめているのかもしれませんね。

【関連】
左右別布、切り替え、文様づけ

[P.44] 袖が黒緑色×灰白色のシャツは「天竺風靡《ふうび》 片身替わり」
[P.45] 同じ型でも片身替わりの色柄が違うと印象はがらり
右：紺青色×柄「けんらん」のパンツは「手柄貫衣 下 片身替わり」
左：源氏鼠《げんじねず》色×柄「縦横無尽《じゅうおうむじん》」のパンツも右と同じく「手柄貫衣 下 片身替わり」

類なきおしゃれに傾く

傾き者

【Kabukimono】

古今東西、おしゃれを楽しむ本質はそれほど変わらぬもの。自己表現であり、周囲の目を楽しませるものでもあり、なにより日々の歓びでもあり。

室町時代、ほかと違った身なりの人や自由奔放にふるまう人たちを、「傾《かぶ》いた人」または「傾《かぶ》き者」と呼んだそうです。（「傾き」から、そののち「歌舞伎」という言葉が京都で生まれています）。

SOU・SOUの「傾衣《けいい》」とは、「現代の傾き者」のための新カテゴリーのファッションとして誕生。とことんかっこよさを追求し、革新的な和装をプロデュースするものです。

【関連】歌舞伎者（かぶきもの）、傾く（かぶく）、傾衣（SOU・SOU名：けいい）

[P.47] 古い街並みに溶け込みつつも存在感を放つ、SOU・SOU独自の「傾衣《けいい》」スタイル
源氏鼠×稲妻の羽織ものは「宮中袖 袷」、ゴブラン織ベストは「陣羽織《じんばおり》」
インナーは「半衿風靡《はんえりふうび》 家紋」、ズボンは「風靡 下 博多」、足もとは白レザーの「自力革足袋」

絡げ

【Tuck-up Style】

着物の裾をまくって上へ持ち上げ、帯にはさんだ着方を「からげ」や「尻っぱしょり」と呼びます。時代劇では男の町人のからげスタイルをしばしば目にしますが、着物の裾がじゃまにならず足さばきがよく動けるわけです。

今のファッションは、走れて、自転車にも乗れてこそ。浴衣を普段着に、ためらいもなく自転車に乗れるスタイルを考えたのが、SOU・SOUの「からげ帷《かたびら》」。内側に紐をつけて、からげやすくひと工夫しています。この浴衣下には、華やかな柄もののえんゆう穿き（ステテコ）をコーディネート。からげれば、涼しく、下からちらりとのぞくステテコ柄が、さりげなく目をひくところです。

【関連】
からげ帷（SOU・SOU名：からげかたびら）、裾絡げ（すそからげ）、尻絡げ（しりからげ）

[P.49] かっこよくて涼しくて、自転車にもラクラク乗れる、からげスタイル。麻の浴衣は「からげ帷」
ズボンは「えんゆう穿き」、柄は絵師・木村英輝（P.98）による「red jaguar」
足もとは「吉靴房《きっかぼう》 踵単皮《あくとびたび》」

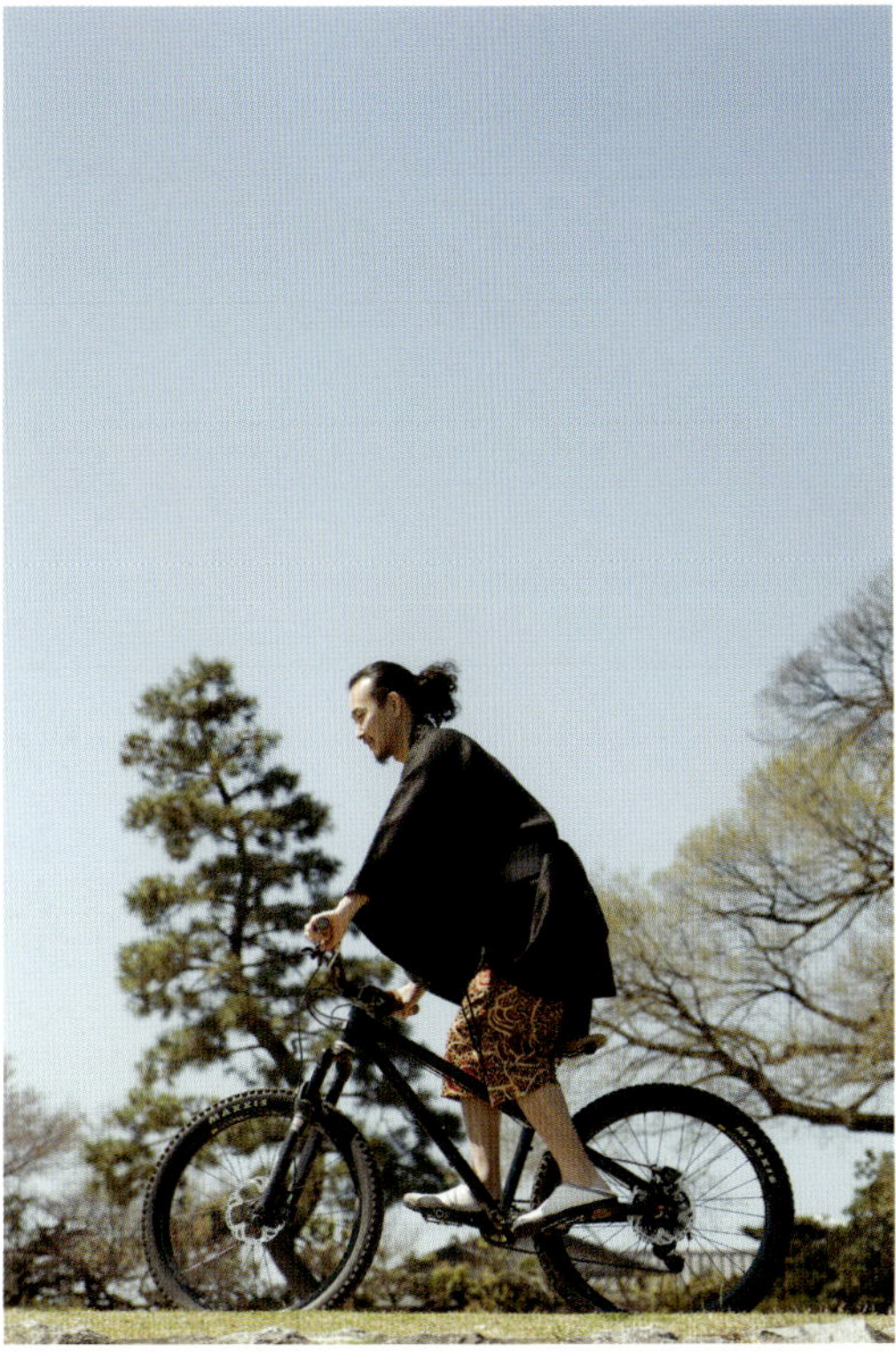

枯山水

【Zen Garden】

禅庭の美をデザインに

「枯山水」とは、水を用いず、砂礫《されき》や石のみで自然の風景を表現した庭園形式のこと。南北朝時代から室町時代にかけて禅宗寺院で発達した作庭とされています。

日本文化は、よく「見立て」の文化と評されます。和菓子や料理の取り合わせ、着物や作庭などに、季節折々の自然風景を写して表現する感覚に、日本人は興趣を見いだしてきました。

このカシミヤショールの編み模様は、枯山水の庭に見立てたデザイン。肩にかけてベスト風に着こなしたり、ボタンの留め方を変えれば、ネックウォーマーにもなり。着る人の見立てで、いかようにも景色が変えられます。

【関連】
日本庭園、禅、ニット

[P.50-51] ボタンのかけ方次第でいろんな着方ができる。カシミアのショールは「枯山水　染流し」、色は「臙脂《えんじ》×杢灰《もくはい》」
羽織ものは「小袖貫衣《こそでかんい》」、柄は「小さな花」。インナーは「違い袖　風靡《ふうび》」、スカートは「こしき」

SOU・SOU
デザイン

貫頭衣

【Poncho】

私たちの祖先、弥生時代の人々が着ていたという衣服が「貫頭衣」。その服の形は非常にシンプルな長方形で、直線裁ちでつくられているところが特徴です。

織機もなかった時代のこと。手足を使って工夫をして織った小巾（P.96）サイズの布を2枚はぎ合わせて、頭と手が出るようにして、人が身にまとった貫頭衣。それは日本史上初の衣服と呼べるのではないでしょうか。

そんな貫頭衣にインスパイアされて誕生したのが、SOU・SOUの「四《し》角衣《かくい》」と「長方形衣《ちょうほうけい》」。知恵と美があわさった布の形は、本当の意味での衣服デザインといえます。

【関連】古代の衣服、四角衣（SOU·SOU名：しかくい）、長方形衣（SOU·SOU名：ちょうほうけい）

[P.53] 木綿や縮、ウールなど素材違いで季節に合った貫頭衣のアイテムがある
右：伊勢木綿の「長方形衣《ちょうほうけい》」、柄は「ほほえみ」。インナーは「抜衿ジバン」、ズボンは「えんゆう穿き」、足もとは「みかも下駄 」
左：伊勢木綿の「四角衣《しかくい》」、柄は「立秋」。インナーは「抜衿ジバン」、スカートは「こしき」、足もとは「草履あぶさら」

粋でモダンな縞文様

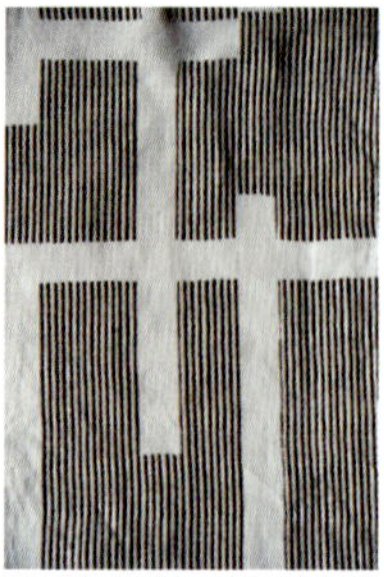

よろけ縞

【Wavy Stripes】

「よろけ縞」とは、文字通り、よろけた線でできた縞のこと。

関東と関西では料理の味つけが異なっていたように、着物の色柄のテイストにもはっきりとした好みの違いがありました。京風の「はんなり」の美意識を具現する花の模様に、対する江戸好みの「粋」の代表は、縞文様ということになっているようです。

SOU・SOUのテキスタイルデザイナー・脇阪克二の手によるこの縞の魅力は、心地よいゆらぎ。すっきりと並んだ関東好みの直線の縞とは異なる、やわらかな味にあります。これぞ「京風のよろけ縞」といえそうです。

【関連】
手描きの縞、鰹縞（かつおじま）、子持ち縞、めくら縞、万筋（まんすじ）

[P.54-55] タテ糸に綿、ヨコ糸に和紙を使った生地で仕立てた「よろけ縞」の浴衣
よろけ縞で表現した柄「桟《さん》」をプリントし、モダンで涼しげな仕上がりに

足袋

【Tabi Socks】

【関連】ストレッチ足袋、靴下、足袋カバー、足袋下
（SOU・SOU名：たびした）

普段履きの足袋としてあげられるのが写真の「ストレッチ足袋」「足袋下」。下駄や浴衣の他、靴や洋服にも合うので、最も取り入れやすい和装アイテムです。

　ストレッチ足袋は、コハゼのない伸縮性のある生地で、着脱しやすく、ルームシューズや、白足袋の汚れ防止に履く足袋カバーとしても使えます。

　足袋下は、SOU・SOUで生まれた呼び名で、靴下タイプの足袋のこと。靴の下（中）に履く「靴下」に対し、地下足袋の下（中）に履く「足袋下」というふうに名づけました。

　この足袋下の魅力は、履き心地、そして柄。季節の草花や祭りや風物が図案になっている楽しさといったら。足もとに「旬」を履くとは、ちょっと小粋ではありませんか。

[P.57] 右：ストレッチ足袋「芥子色」と「花鳥風月」。伸縮性のあるストレッチポンチ生地使用、
底面には滑り止めゴムあり
左：靴下タイプの「足袋下」は柄の表現と履き心地を考え、ベースに綿の双糸を使用
柄は右上「みたらし団子」、右下「傾《かぶ》き」、中上「SO-SU-U」、中下「氷梅」、左は膝下タイプの「立春」

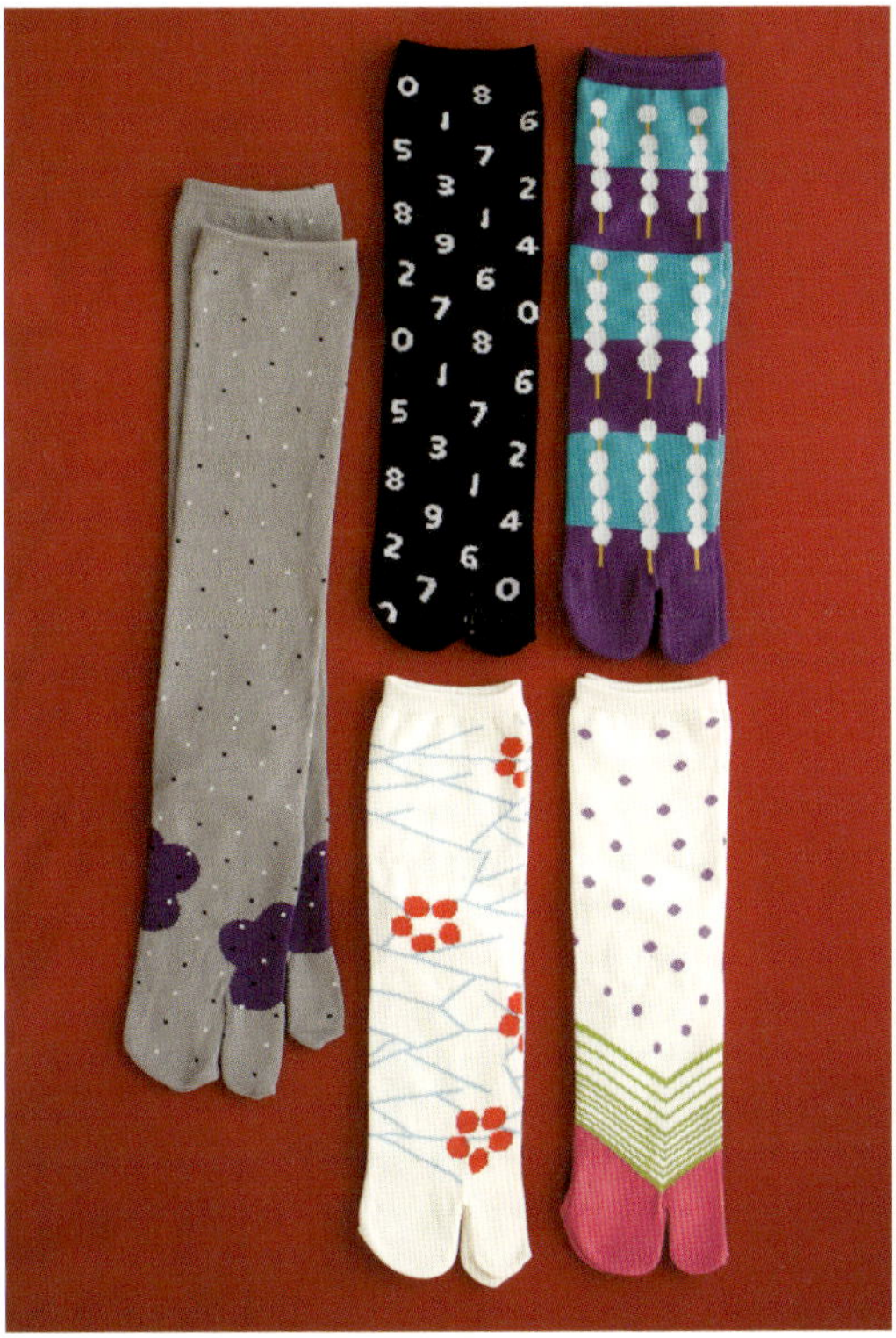

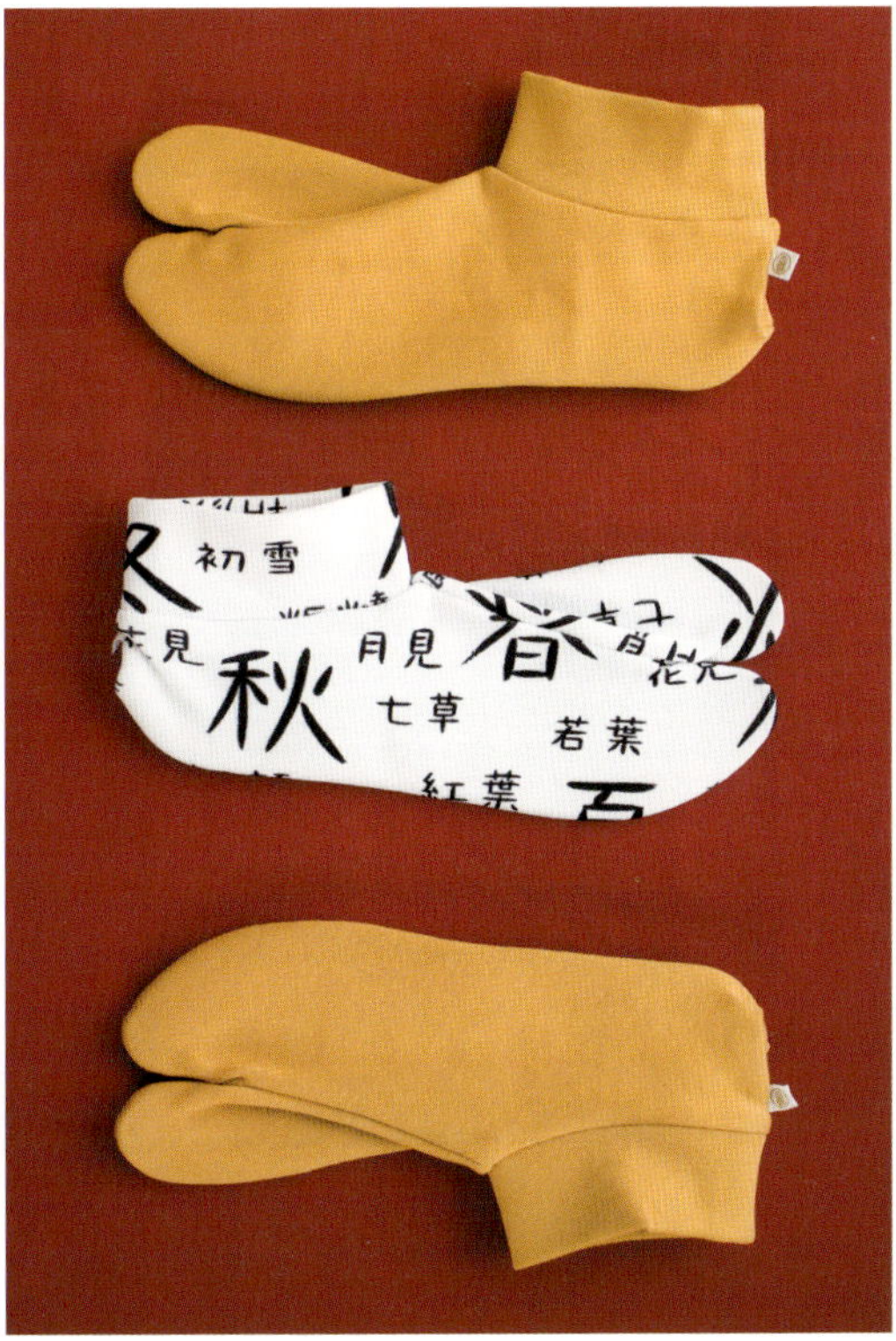
初雪
月見
秋
七草
若葉
紅葉

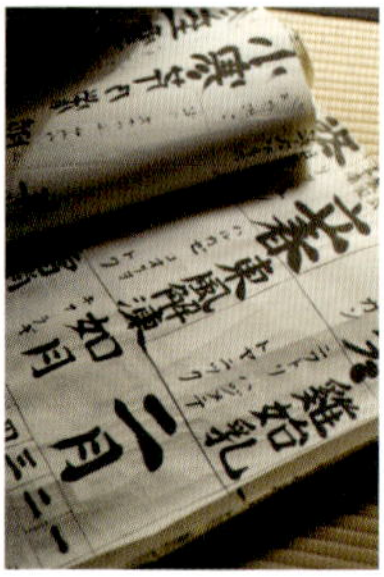

暦

【Lunar Calendar】

現在の暦に対し、明治の改暦以前に日本人が使っていた「暦」を、いわゆる「旧暦」といいます。春夏秋冬を24の節気に分け、さらに72の候ごとに花や草木、鳥、自然にまなざしを向けた旧暦は、真に日本人の暮らしに寄り添ったものでした。ある年、SOU・SOUの店では、この旧暦カレンダーを展示していました。その旧暦を見て過ごしていると、今も自然のサイクルの中で暮らしているのだと、みんな実感したものです。

　暮らしに暦を。手軽に取り入れる一案がSOU・SOUの「掛物」です。時季に合った絵柄の手ぬぐいをお軸に見立て、掛け替えて楽しむもの。めぐる季節の「旬」や「行事」を身近に取り入れることが、毎日の暮らしを新鮮に感じさせくれるはずです。

【関連】
旧暦、二十四節気、七十二候、掛物

[P.58] テキスタイルデザイナー・脇阪克二による、手書き旧暦「七十二候」
[P.59] 季節の手ぬぐいをお軸のように飾って。12月におすすめの手ぬぐいの柄は「もういくつ寝ると…」
軸は「掛物 紺青」[竹又 謹製]

草衣

【Casual Shirt】

大和撫子の和装シャツ

【関連】真・行・草、二部式、くずし、腰衣（SOU・SOU名：こしき）

日本文化では「真《しん》・行《ぎょう》・草《そう》」という3つの型が美意識の表現として、しばしば用いられます。本来は書道の書体の型を示すもので、格式高く正しく整った「真」、その対極で破格の「草」、中間の「行」というイメージで、茶道や庭、建築などでも使われています。

SOU・SOUが考える和装の真・行・草として、真を格式ある着物とするのに対し、最もカジュアルな草の和装として「草衣」のスタイルが生まれました。

草衣の袖つきのシャツには、着物風スカート「こしき」を合わせると二部式着物のように着こなせます。お茶のお稽古など、和の空気になじむおしゃれ着として重宝です。

[P.61] 衿つきシャツは「開襟草衣《かいきんそうい》 上」、柄は「菊づくし」
インナーは「違い袖 風靡《ふうび》」、スカートは「こしき」、足もとは「ストレッチ足袋」

SOU・SOU
デザイン

草履

【Rubber-soled Sandals】

SOU・SOUの「草履」は、昔からの通称「あさぶら」と呼ばれているもので、その昔、坂道の多い愛知県・瀬戸の職人たちが、足運びよく作業をしやすいように、草履の裏に麻を縫いつけた「麻裏」から「あさうら」と呼ばれるようになったことがはじまり。いつの頃からか「あさぶら」へとなまっていった呼び名が定着したようです。昭和になって自転車が普及すると、麻の代わりにより丈夫な自転車のタイヤを縫いつけるようになりました。

現在つくられているのは草履の一大産地である奈良県御所市。70～85歳の熟練の職人さんがつくっています。ビーチサンダルのように気軽な履物が手仕事なのですから、日本のおしゃれは本当に豊かです。

【関連】
草履あさぶら、麻裏、鼻緒

[P.62] 履き心地のよいヒミツは裏にあり。黒い部分が滑り止めに縫いつけられた自転車のタイヤ
[P.63] 普段履きに活躍する「草履あさぶら」。鼻緒の柄は「松は松らしく」

袖括り

【Cord Laced Sleeve】

公家衣装の優美な袖口

「袖括り」とは、公家装束《しょうぞく》に用いられた羽織ものの袖口のデザインです。京都の葵祭や祇園祭などの時代衣装でも、この袖括りの衣が見られますが、その姿はなんとも風雅です。

　この袖括りの紐は飾りばかりではありません。袖口を絞って両方の紐を結び、襷《たすき》のようにつなげて背に回すと袖が上がり、動きやすくもなります。伝統料理を伝える宮中の料理人の衣装も、この袖括りになっているそう。実用と美しさを備えたデザインなのです。

　日本人をよりすてきに見せてくれる袖括りは、ＳＯＵ・ＳＯＵの衣の代表的なディテールでもあります。

【関連】公家装束、時代衣装、宮中袖（SOU・SOU名：きゅうちゅうそで）

[P.64] 袖の紐を絞ると、袂がまとまり作業がしやすい
[P.65] 袖括りのデザインを取り入れた羽織ものは「宮中袖 袷」、色柄は「濃紫 × 古代裂《こだいぎれ》」
シャツは「草衣《そうい》 上」

津

{tsǖ}

づくし

づくし

【Full of Something】

同じ類のものを揃えてこだわった様をいい、「尽くし」と漢字では綴り、「ありったけの」「精いっぱいの」といった意味もあるようです。

春は、桜づくし。咲き誇った桜の花びらが散りかかる景色の中で、桜の色や模様を身につけて。秋は、菊づくし。旧暦の9月9日の菊の節句に、菊柄の着物や扇子で雅《みやび》に装って。精いっぱい、揃えるものに心を添わせ、選び抜いてこその「づくし」と思えます。

こういったおしゃれを、「桜だらけ、菊だらけ」なんて表現しては野暮。風雅を感じる日本の言葉も、受け継ぎたい大切なものです。

心づくしのお揃いもの

【関連】尽くし、菊づくし 桜づくし 宝づくし、花づくし

スタイル

[P.66] 打出の小槌や鶴など縁起ものを集めた「宝づくし」は昔から日本人に愛されてきた文様
SOU・SOU が表現するとこんな図案に

[P.67] 右：お花見時のお出かけに、布袋は「小巾折 桜づくし」
左：秋の菊の時季には着物も扇子も「菊づくし 重陽《ちょうよう》」

鼠色

【Mousy Gray】

【関連】四十八茶百鼠（しじゅうはっちゃひゃくねずみ）、灰色

江戸時代、奢侈《しゃし》禁止令で庶民の衣は、綿と麻、色は「鼠」に、茶と藍のみと限定されていました。そんな中でもおしゃれをしようと、当時の人々は地味な色の微妙な色調の変化にこだわって多様な色を生み出しました。とくに茶系と鼠系は色数が次々登場し、それぞれの色に当世人気の役者や風月山水の名をつけて楽しんだよう。その色の豊富さを表したのが、「四十八茶百鼠《しじゅうはっちゃひゃくねずみ》」。茶48色、鼠100色の意味ですが、実際は茶系も鼠系も100以上の色数があり、多様なことをゴロよく表現したものとか。

さてSOU・SOUの鼠色。銀鼠、源氏鼠、桜鼠、素鼠、藤鼠、梅鼠、白鼠……と、こちらもシブ好みな色が増えてます。

[P.69] 右上：シャツ「衿巻ジバン」は桜鼠色、右下：ニット「四角衣《しかくい》 肩線《かたせん》」は梅鼠色
中上：伊勢木綿の「くびまき おはじき大」はつくも × 銀鼠色、中下：シャツ「開襟 帯 草衣 博多」は源氏鼠色
左上：ウールベスト「圧縮阿弥《あっしゅくあみ》 莢《さや》」白鼠色、左下：「紐帯《ちゅうたい》」は桔梗色 × 藤鼠色

SOU·SOU

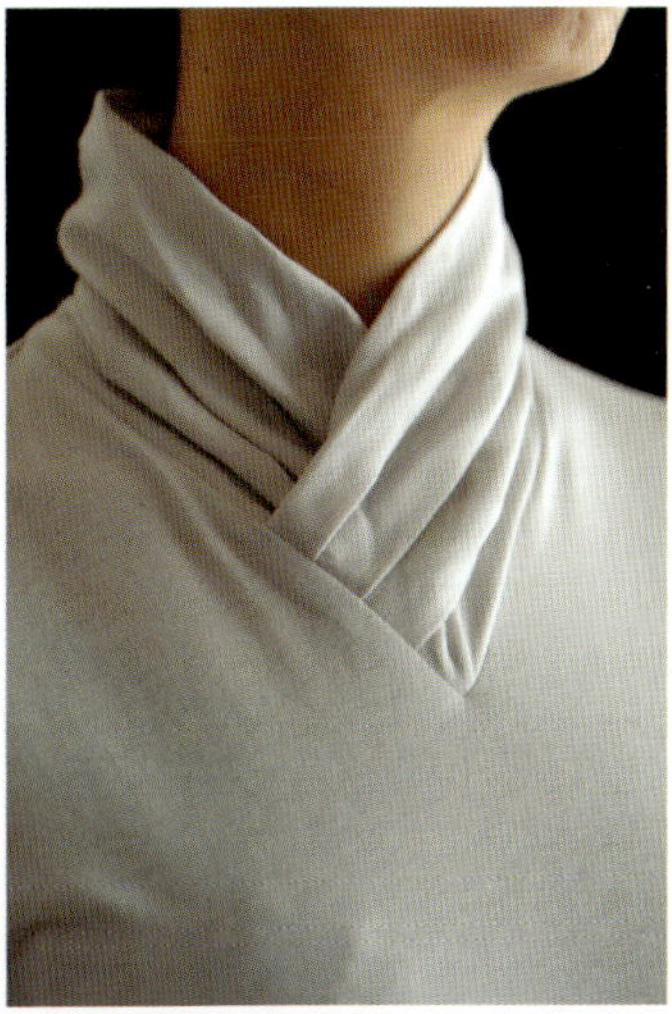

MADE IN JAPAN
SOU·SOU

長襦袢

【Long Undergarment】

着物下に着るインナー

【関連】
襦袢、対丈（ついたけ）

「長襦袢」は、着物と肌着の間に着る下着、インナーです。見えなそうで、着物を着ると意外と人の目を引くところ。たとえばシックな縞の着物に、花柄の長襦袢の取り合わせ。ふと袖口や裾から鮮やかな色柄がのぞくとハッとします。こだわるとおしゃれ度がぐっと深まってくるアイテムです。

肌に近いものなので、デザインだけでなく着心地やお手入れのしやすさも大事。SOU・SOUの色柄をプリントした普段使いの長襦袢は、東レの「シルック」という生地です。ポリエステルにして絹のような着心地と、家の洗濯機でじゃぶじゃぶ洗える気軽さ。着物ビギナーから頻繁に着る着物好きも愛用する、実力派の長襦袢です。

[P.71] 洗える生地「シルック」で仕立てた長襦袢、柄は「菊づくし 夢花」[京都丸紅 謹製]
着物は伊勢木綿、先染めした伝統の縞柄

羅紗

【Woolen Textile】

南蛮渡来のあったかウール

【関連】ラシャ、ウール、起毛

写真のように毛布のような加工をほどこしたウール地を、日本の繊維業界では昔から「ラシャ」や「羅紗」という表記が用いられてきました。歴史をたどると、室町時代から江戸時代にかけて南蛮貿易で輸入された毛織物があり、ポルトガル語の"raxa"を語源とする外来語という説があります。

この羅紗は防寒・防水にすぐれ、日本にもたらされるや、野外で活動するおしゃれ武士たちのお気に入りに。陣羽織や合羽《かっぱ》などに用いられ、とくに真っ赤などハデな色の羅紗が好まれたとか。

SOU・SOU製の羅紗は、チクチクしない着心地のよさで、水洗いしても縮まない。戦国武将たちが知ればきっと熱狂したであろう、スグレものです。

[P.73] 冬のおしゃれに欠かせないウールアイテム、羅紗
「四角衣《しかくい》 組《くみ》」は菫《すみれ》色ベースに、裾は丹色《にいろ》の上に「ふくれ織」という模様を配したデザイン

むささび

【Flying Squirrel】

むささび小袖でひらり

【関連】
羽織もの、小袖、断ち切り仕様

「むささび」は薄手の羽織もの。おしゃれ着にしてはユニークな名称に思えますが、たとえばケープのついた「とんびコート」など、その着姿から想起した名づけは昔からあったことです。

SOU・SOUから生まれた「むささび」も同じく、この羽織ものを身にまとった姿がネーミングの由来です。ただ、そもそもは小袖のシルエットをイメージして創作したもの。エレガントにゆれる袖の表現に、布を無駄なく使うための断ち切りのデザインが見事にあわさって生まれた形で、まさにデザインの妙味です。

短丈も長丈も、着心地楽しく、ひらりひらり。むささびを着ると、自然と所作がしなやかになるようです。

[P.74-75] 袖を広げたとき、閉じたときの表情の違いも魅力
右：短丈の小袖は「たばた絞り むささび」、染めの色柄は「常磐色《ときわいろ》 × 黄蘗色《きはだいろ》」
左：長丈の小袖は「たばた絞り むささび」、染めの色柄は「水玉大 緋色《ひいろ》 × 灰色《はいしろ》」

裏勝り

【Luxury Lining】

裏にこだわってこそ粋

【関連】
羽織、羽裏（はうら）、奢侈（しゃし）禁止令

表の生地よりも裏にハデな絵柄の生地を組み合わせたり、高価な生地で凝ったりするような、心憎いスタイルを「裏勝り」といいます。

江戸時代の奢侈禁止令のなかで庶民が目をつけたのが、「羽裏」と呼ばれる羽織の裏地。脱いだときにはじめて見える羽織の美しさに、趣向を凝らす。自分だけが見えるところに美しいものを秘めつつ、ちらっと見える絵柄でまわりの目を惹きつけるおもしろさ。

SOU・SOUの裏勝りはリバーシブル仕様です。時代は変わってシンプルファッションが隆盛のいま、ときにシンプルに対向し、鮮やかな色柄を外にまとうアレンジも楽しめますよ。

[P.76] 羽織は「頭巾 宮中袖 袷」。内側の裏地「羽裏」は大胆な絵柄「傾《かぶ》く」
[P.77] 羽織の下のセットアップは「風靡《ふうび》 上下」。羽織の柄を表にすれば、さらに傾いた装いに

ゐっぷく

茶を楽しむ

茶道の心得がなくても、基本のいただき方を知っていれば必要以上に慌てることなく、お抹茶のおもてなしに気持ちよく応えることができます。本来はお菓子が先に出て、食べ終わる頃合いを見計らってお抹茶が点てられますが、同時に出された場合も、まずはお菓子からいただきましょう。お菓子も抹茶も一旦自分の正面に置き、「頂戴します」と感謝を述べてから手をつけます。

茶菓をいただく

生菓子は黒文字など楊枝がついていたら、ひと口大に切って、なにもついていない場合は手で割って食べます。干菓子は懐紙などにのせて、手でつまんで食べます。懐紙はおもてなしする側もされる側にも便利なアイテムで、端っこで汚れた楊枝の先や指先をさり気なくぬぐったり、また、お菓子を食べ残したら懐紙にくるんで持ち帰ることもできます。

抹茶をいただく

茶碗を大事に扱ってください。茶碗の底に左手を添え、右手で側面を支えて持ちます。右手で茶碗を回し、茶碗の正面（模様など一番美しい部分）を避けて、口をつけます。一気に飲まず、お茶を味わいながら3～4口で飲みます。お菓子もそうですが、「おいしいです」「器もすてきですね」と感想を述べる心配りも忘れずに。

野点

【Open-air Tea Ceremony】

野にて、お茶を楽しむ

「野点」は、自然に接しながらお茶を点《た》てて楽しむこと。古くは「野掛け」ともいい、戦国武将たちは狩りなど野遊びの続きでお茶を楽しんでいたとか。

　春や秋の美しい日に、気に入った場所を選んで。普段なにげなく見ていた樹々や草花を掛け軸に見立ててみると、身の回りの景色がおもしろくなってきます。自然の「しつらえ」の中で、リラックスしつつ、ちょっと背筋を伸ばして、お茶のひと時を楽しむ。そんなやすらいだ時間が野点の魅力と思えます。

　抹茶と茶碗とお湯があればどこでも、和のピクニックといった感じでお茶を点てて自由に楽しんでみる。まずは、むずかしいことは置いておいて、気楽にやってみてはいかがでしょう。

【関連】野点セット、携帯、野掛け（のがけ）、ふすべ茶

[P.80] お湯はポットに入れ、野点道具は身近なものを使って。竹カゴ（やたら編み）などに、まとめると持ち運びやすい

[P.81] 桜の花を愛でながら一服。敷き物は「風呂敷 大 SO-SU-U」[荒川益次郎商店 謹製]

sou·sou

帯締め

【Obi Band】

「帯締め」は、着物の帯がずれないように固定する着つけの道具であり、コーディネートを彩る装飾的な小物。布の面積としてはささやかですが、この1色が差し色になり、着る人のおしゃれを際立たせてくれます。

写真のように、SOU・SOUでは、着物に合わせるトラディショナルな使い方とともに、羽織ものなどの上衣にアクセサリー感覚の腰ベルトとしても、帯締めを取り入れています。

そんなふうにアレンジして使っても、野暮ったくならず、凛《りん》とした品を感じさせるのは本物ゆえのこと。SOU・SOU製の帯締めは、京組み紐の老舗［昇苑くみひも］が手がけたものです。

絹紐ベルト、自由自在

【関連】
帯締め紐、組み紐、京組み紐

[P.83] SOU・SOUの羽織ものでは、帯締めを効果的に仕様・デザインに取り入れている［昇苑くみひも 謹製］
右：帯締めを腰紐に使った羽織ものは「小袖羽織 短丈」、柄は「山茶花《さざんか》」
左：伝統的な帯締めを使った着物は久留米絣、柄は「花がさね」

久留米絣

【Kurume Kasuri Textile】

「久留米絣」は、江戸時代後期から福岡県久留米市とその周辺の地域でつくられている伝統工芸の布です。糸を括り、染めて織って、反物になるまで30もの工程があり、その一つ一つが手間と技を要する布。

その久留米絣の技法は、国の重要無形文化財にも指定されていますが、じつは当時12歳の井上伝という少女のひらめきから生み出された技法とされています。すてきな布をつくりたい、かわいいものを着たい。そんなガールズクリエーションの由来をもつ久留米絣に、SOU・SOUの図案が出合い、さらにポップでかわいい絣が誕生しています。

【関連】
絣、重要無形文化財、藍染め、もんぺ

[P.84] 完成までには30工程にも及ぶ作業を有する久留米絣。伊予絣、備後絣とともに日本3大絣の一つ
[P.85] SOU・SOUならではのポップでかわいい久留米絣、柄は「花がさね」［野村織物 謹製］
木綿着物の足もとは「みかも下駄 白木 芳町」。カジュアルな装いで軽快に

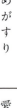

やたら編み

【Random Weaving】

手が導くランダムの美

【関連】 竹工芸、網目、やたらめったら、小巾折（SOU・SOU名：こはばおり）

「やたら編み」とは、伝統的な竹の編み方のこと。このやたら編みを布の絵柄に描いた、テキスタイルデザイナー・脇阪克二は次のようなことばで、その魅力を語っています。

〈無茶苦茶に編んだような編み方がある。 秩序がないように見えるけれど、うまく間を取りながら編んでいるのだろう。 独特の美しさがある。

グチャグチャ ガシャガシャと無秩序に描いたけれど、四角におさめてバランスをとった〉

写真の竹カゴは、伝統的なやたら編みの竹カゴをSOU・SOUでアレンジしたもの。カゴの中に、やたら編み柄の小巾折を重ねてみたら、新旧の手ワザがすっとなじんで見えました。

[P.87] 右：やたら編みをイメージしたテキスタイルデザイン
伊勢木綿の布袋「小巾折」、柄は「やたら編み」
左：革の持ち手がすてきにマッチングした、やたら編みの竹カゴ [東洋竹工 謹製]

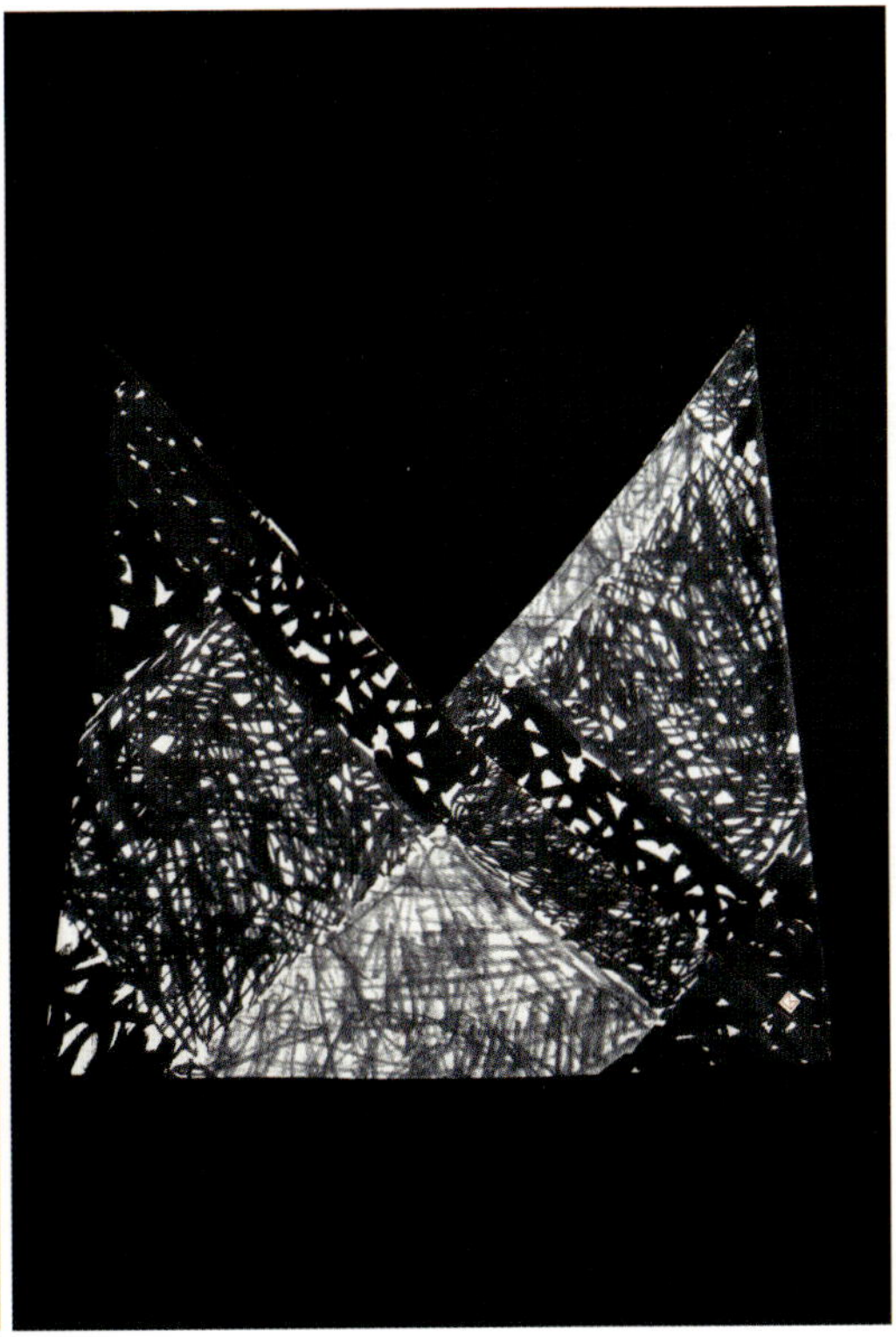

間

【Spacing】

「心地よい間」を描く

「間」とは、モノとモノ、人と人のあいだ、空間や時間の合間。日本人は間を大切にし、間の取り方にとても敏感ともいわれています。

１９７６年に誕生したテキスタイルデザインに「間」があります。手がけたデザイナー・脇阪克二は、「漠然としたイメージはあったものの、手探りで少しずつ描いていった」と語っています。描きながら「心地よい間」を探って生み出された柄は、ＳＯＵ・ＳＯＵの定番柄となって長く愛されてきました。

そして近年、この「間」の三十年余を経て再構築されたのが、「間がさね」。鮫小紋《さめこもん》や縞のように、一つ一つのモチーフは小さいけれど、布全体では構成が大胆で、間の重なりが、心弾むリズムを描いてます。

【関連】
間合い、間がさね（SOU·SOU名：まがさね）

[P.88] 伊勢木綿の反物の柄「間」。着物に仕立てるとワンピース感覚で着られそう
[P.89] テキスタイルで計り売り「間がさね 宮美《みやび》」。手捺染で染められた細かな柄、ポップな配色が楽しげ

【関連】桐下駄、駒下駄、焼下駄、白木、芳町、右近、小町

下駄

【Wooden Clogs】

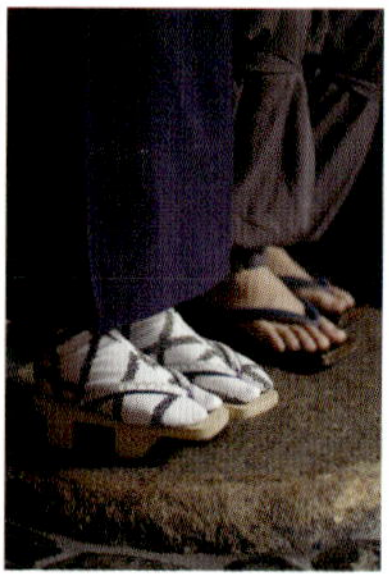

下駄は種類いろいろ。歯の形の違い、丸型・角型、さらに白木・塗り・焼きなどがあり。それらの下駄は昔ながらの粋な名前で呼ばれています。

写真手前、白木は「芳町」という下駄で女性もの。そして奥の男性物は、草履のような形の下駄「右近」です。

SOU・SOUのテキスタイルを鼻緒にあしらった下駄は、桐下駄産地の徳島県で3代続く「斎藤桐材工業」謹製。ほとんどが中国製になってきた現在も、下駄職人が一点一点手をかけてつくっています。玄関先にあると、つい足がこの下駄を選んでしまうほど、おしゃれな上に、履き心地がバツグンです。

[P.90] 足袋を履くと下駄でもきちんと感が出る。焼下駄は足形がついても目立たない［斎藤桐材工業 謹製］
[P.91] 手前：「みかも下駄 白木 芳町《よしちょう》」、鼻緒の色柄は「菊づくし 燻銀《いぶしぎん》」
奥：「みかも焼下駄 右近《うこん》」、鼻緒の色柄は「がんじがらめ 濡羽色」

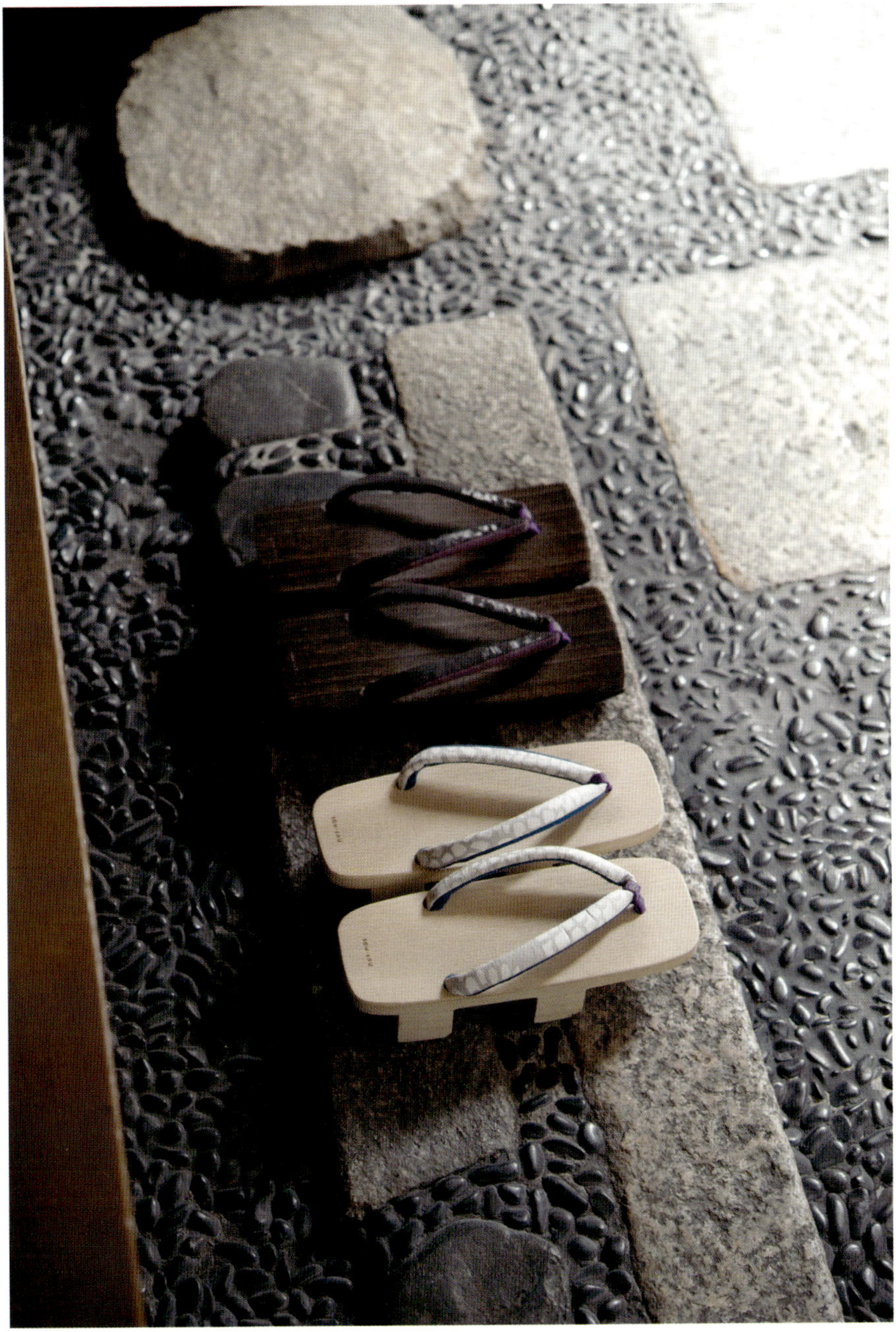

富士

【Mt. Fuji】

富士山似のシルエット

「富士」のデザイン発想の起点は、男性でもはけるスカートのようなズボンをつくろうとしたところ。SOU・SOUでクリエイトした形が練られ、出来上がったのがこの三角のシルエットです。はいたその姿が、文字どおり富士山に似ているところが名づけの由来となります。

足を揃えた姿は着物のようで、開くと裾広がりの大胆でモダンな衣装。独特の形をした富士は、男女兼用のアイテムです。

ちなみに、富士は登山ズボンではありませんが、かなりタフに動けます。

【関連】
三角、サルエルパンツ

[P.93] 独特のシルエットの「富士」はスカート風パンツ。「富士 瑠璃紺《るりこん》」
シャツは「半衿風靡《はんえりふうび》 家紋《かもん》」、水玉柄の扇子の裏には「SO-SU-U」のプリント

丸あり角あり、袖いろいろ

【関連】
振袖、中袖、筒袖、角袖、もじり袖、薙刀袖
（SOU・SOU名：なぎなたそで）

小袖

【Small Sleeve】

SOU・SOUスタイルの大きな特徴といえば、この「小袖」です。もちろん着物の形から受け継いだものですが、上衣にこの小袖がつくことで、和の雰囲気を醸し出せるディティールなのです。

小袖のデザインにはいくつかバリエーションがありますが、中でも写真の「角袖」と「薙刀袖《なぎなたそで》」がSOU・SOUの定番。角袖は丸みが小さく角張っており、薙刀袖は、袖下が薙刀のようにゆるやかなカーブのラインを描いています。

「袖の下」「袖にする」「無い袖は振れない」なんて言い回しも、小袖のついた装いでいると、実感として理解できる気がします。

[P.95] 袖はふしぎ。目立たないパーツのようで、ちょっと形が違うだけで全体の印象が変わる
右：袖下がカーブしている薙刀袖は「薙刀貫頭衣《なぎなたかんとうい》」、柄は「東山三十六峰 黄金畑」
左：着物のように袂があいた角袖は「小袖貫衣《こそでかんい》」、柄は「おおらか」

小巾折

【Folded Textile Bag】

布の幅を活かした小袋

【関連】
並幅、9寸5分、広幅、東袋（あずまぶくろ）

「小幅」とは、主に和装業界で使われている36～38㎝くらいの反物のこと。着物はこの長方形の小幅の布を直線で縫い合わせ、生地に無駄が出ないように仕立てます。着物が古くなればほどいて、ちゃんちゃんこや布団にリメイクし、最後は雑巾にして布を活かしきる。私たちの国の衣文化は、合理的で知恵に満ち、豊かだったのです。

SOU・SOUでもこの小幅を活かしたものづくりを心がけています。なかでも一番シンプルな、手ぬぐいを使った小袋を、SOU・SOUでは「小巾折」と名づけました。つくり方は写真をご覧あれ。生地を中表に三つ折りにし、2回直線縫いするだけ。長方形の布が、袋に生まれ変わります。

[P.97] 伊勢木綿の手ぬぐいも小幅。布を無駄なく、そのまま活かした袋「小巾折」、柄は「清流に海」。
伊勢木綿の手ぬぐいで自作することもできる

一

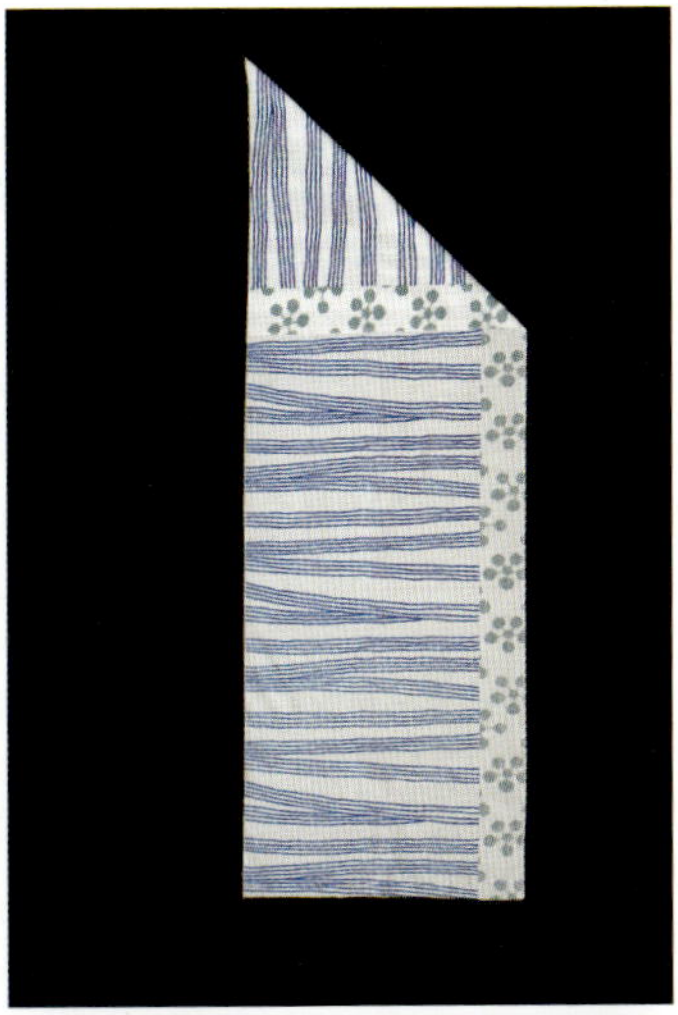

二

三

四

絵師

【Painter】

布に命を込めるデザイナー

着物のデザインには、その時代に活躍していた「絵師」が関わっていることが少なくありません。たとえば江戸時代の小袖には、京都で活躍していた尾形光琳《こうりん》や伊藤若冲《じゃくちゅう》の画風を取り入れた絵柄が残されています。

そしていま。写真のがま口の絵柄は、2人の絵師のコラボレーションによるもの。京都を代表する絵師の木村英輝と、SOU・SOUの絵師にして、日本を代表するテキスタイルデザイナーの脇阪克二。「現代の光琳と宗達」とも呼ばれる、この2人の筆が交わり生まれた図案は、SOU・SOUのポップで愛らしい和のデザイン世界に、さらに奥行きを生み出すものとなりそうです。

【関連】テキスタイルデザイナー、光琳と宗達、脇阪克二と木村英輝

[P.98] 上：SOU・SOUのテキスタイルデザインを生み出す絵師、脇阪克二
下：京都を代表する絵師、木村英輝
[P.99] 当代一の絵師2人がコラボレーションした図案「笑顔の使者の宝さがし」、アイテムは「軟《なん》がま口」

テキスタイル

えんゆう穿き
【Relax Pants】

一般には「股引」または「ステテコ」と呼ばれるもの。一説にステテコという呼び名は、明治時代の落語家、3代目三遊亭圓遊《さんゆうてぃえんゆう》が、高座芸「ステテコ踊り」の際に着物の下に白い股引をはいていたことだとか。

SOU・SOU流のステテコは、男女共有のおしゃれなリラックスウェアとしたもの。おじさんの下着という呼び名のイメージから脱し、またステテコを広く世に知らしめてくださった圓遊さんへのオマージュも込めて、「えんゆう穿き」と名づけられています。

【関連】
股引（ももひき）、ステテコ、三遊亭圓遊

[P.101] 生地は着心地抜群の高島縮。えんゆう穿き+下駄は好コーディネート
女性：「えんゆう穿き 普通丈」、柄は「絶景」。羽織ものは「むささび」、「みかも下駄 白木 小町」
男性：「えんゆう穿き きくまる」。足もとは「みかも焼下駄 右近」

SOU・SOU デザイン

手と型を使う有機的な色

手捺染

【Hand Screen Printing】

まず「捺染（なっせん）」とは、染料を混ぜた糊を使って、生地に模様を施す、型染めの技法です。色ごとに版が分かれ、1色ずつ染めていくことで細かい柄を描け、色の重なった際の発色がとても美しいのが特徴。この捺染には、機械が自動で染める「オートスクリーン」と、職人の手仕事で染める「手捺染」があり、量と質それぞれに利点があります。

*SOU・SOU製のオリジナルテキスタイルはすべてが手捺染。鮮やかな色合いとぬくもりを宿した風合いは、手数をいとわない人の手でなければ表せないものです。

*コラボレーション製品を除く

【関連】
捺染（なっせん）、型染め、押し染め、友禅、プリント

[P.102] 1色ずつ版を使い、手作業で色を重ねていく。版をぴたりと揃える職人の手技

[P.103] 右：布にうっすら入った線が版を使った手捺染の証し。テキスタイルの柄は「ほほえみ」
左：すべて手捺染で作られるSOU・SOU製のオリジナルテキスタイル

阿
{a}
あ
つらえ

誂え

【Tailor-made】

ジャストサイズの着心地

本来、着物は自分の体のサイズに合わせて仕立てる「誂え」が普通のこと。服の型に体を合わせる洋服と違って、自分の体の型に着物を合わせて仕立てるので、着心地がとてもラク。洋服のように流行がないので何十年も着続けることができます。ですがその楽しさや喜びは実感でしか享受できないもの。

SOU・SOUの着物や浴衣は、誂えものが主流。ただ、あくまで日常のワードローブとして手に入るものばかりです。反物から好きな素材や柄や風合いを選んだ着物を着てみる。そんなふうに自分たちの国の中で着続けられてきた「着る物」に、一人一人が感じる楽しさがあることを、経験してみる価値は大いにあります。

【関連】
お仕立て、別注

[P.105] SOU・SOUの着物や浴衣はサイズを採寸して仕立てる「誂え」が基本
ワンピース感覚で誂えられる日常使いの反物が揃う

スタイル

脚結

【Leg Band】

日本神話の神さまや邪馬台国の男性たちが身にまとっているコスチュームのイメージもある「脚結（あゆい）」。これは幅広のボトムが動きやすいように、膝下あたりを紐で結んだスタイルです。『万葉集』や『古今和歌集』にも「脚結」という言葉が見られ、文献によると結った部分に、鈴や勾玉《まがたま》をつけて飾ったりもしたそうで、古代のメンズもおしゃれにこだわっていたようです。

今見てもファッショナブルなこの脚結スタイルを取り入れたSOU・SOUの下衣。実際に着てみると、足もとの結び目がポイントになって、足長効果が得られることも、日本男子に愛されるひそかな理由のようです。

【関連】くくり紐、宮中裾（SOU・SOU名：きゅうちゅうすそ）

[P.106] 脚結をデザインしたボトムは「宮中裾 脚結《あゆい》」、トップスは「半襟風靡《はんえりふうび》 家紋《かもん》」
[P.107] 膝下で紐を結ぶ脚結。足もとは「吉靴房《きっかぼう》 踵単皮《あくとたび》」

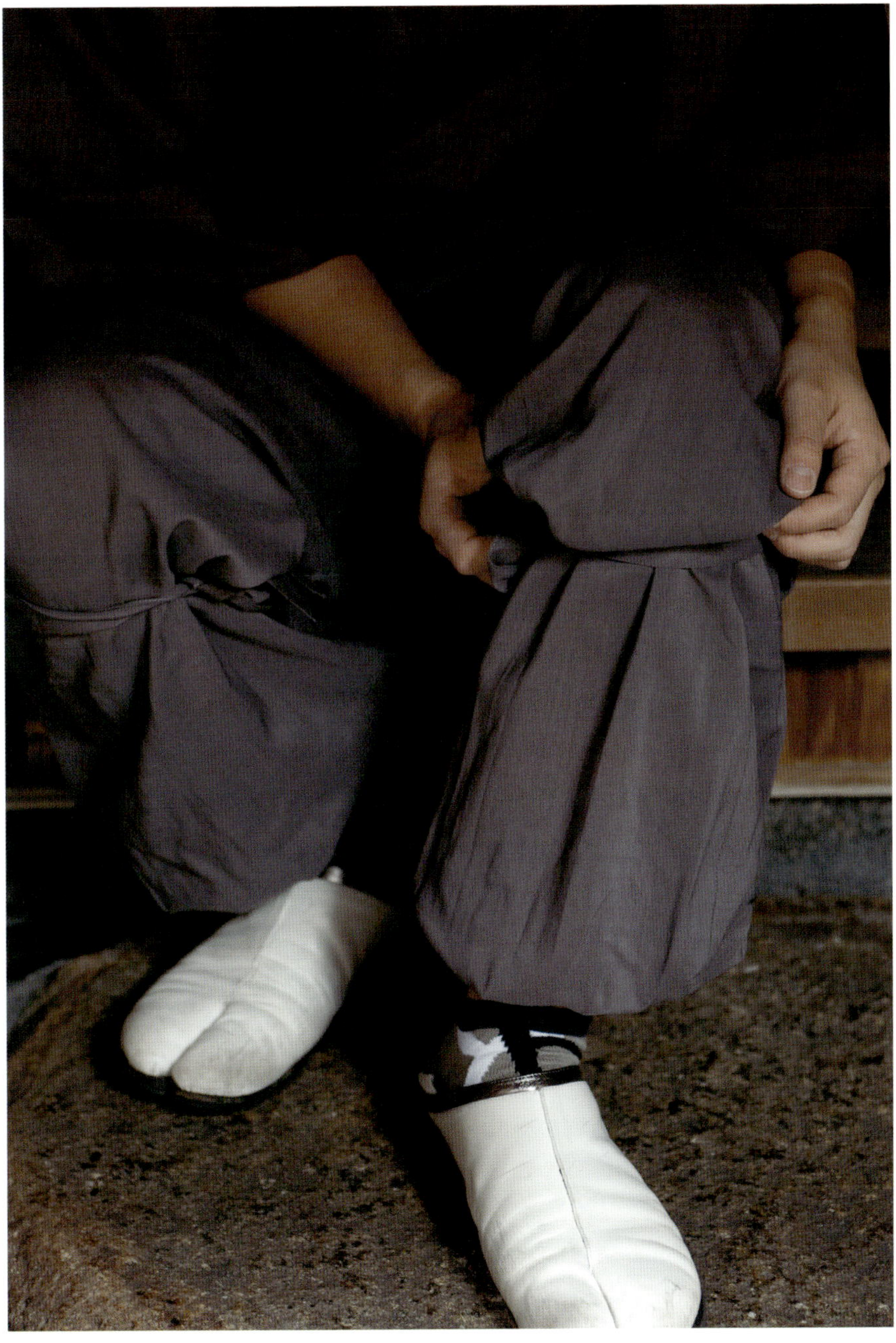

座布団

【Floor Cushion】

部屋を彩る和のクッション

【関連】円座、銘仙判（めいせんばん）、八端判（はったんばん）、小座布団、京座布団

「座布団」を知らずに育った若い世代からも、SOU・SOU製の「京座布団」がひそかに人気です。モダンな空間に溶け込むテキスタイルの魅力に、なによりその心地よさを体感。手で綿を詰める職人仕事の京座布団は、使った人たちがその実力に感激し、再び暮らしの中で見直されています。

使い勝手として、知っておくとよいのが座布団の前後です。京座布団の場合は「綴じ糸が〝人〟の字のような三方綴じ」が特徴で、この三方綴じの一方部分が、座布団の前。お客様に出すときは間違えないように気をつけて。

それから座り方。訪問先では膝からのって正座し、足で座布団を踏まないように。座布団は座る道具。椅子の座面に立たないのと同じわけです。

[P.108] 座布団の真ん中にある「三方綴じ」が特徴の京座布団。糸の一方が座布団の前。二方の房側から座る
[P.109] SOU・SOUの座布団はテキスタイルから選んで誂えられる
右：フローリングでの愛用者も多い。床座に使う「京座布団（銘仙判）」、柄は「花市松」
左：椅子には小サイズの座布団でクッション的な使い方。「京座布団（小座布団）」

きさらぎ

【Light Jacket】

季節のはざまをつなぐ衣

【関連】
衣更着（きさらぎ）、如月（きさらぎ）

SOU・SOU デザイン

まだ少し寒さの残る時季に、薄羽織のように着こなす上衣が「きさらぎ」。着重ねる衣という意の「衣更着（きさらぎ）」に、陰暦の2月「如月（きさらぎ）」が名づけの由来です。

着物と同じく直線裁ちのデザインから、伝統的な和装のように思われがちですが、じつはSOU・SOUから誕生した新しい上衣アイテムです。

季節のはざま、気温も気候も合わせにくいとき「きさらぎ」は心強い。冬〜春、秋〜冬には暖かいモヘアの生地、春〜夏、夏〜秋にはさらっと爽やかな麻の生地。着物と洋服どちらの愛用者も多く、短い丈長い丈と、着る人の要望でデザインが増えてきたのも、おしゃれの自然な流れといえそうです。

[P.111] 1枚羽織るだけで和の装いになる「きさらぎ」。短丈、長丈あり
右：冬用はモヘアの「きさらぎ」で、たばた絞りで染めた色柄は「水玉大 緋色 × つくも」、着物は「間がさね」
左：春用は麻の「きさらぎ」、インナーは「狭風靡《せばふうび》」、柄は「葉陰《はかげ》」

喩

{jɯ}

ゆかた

日本の夏を味わうおしゃれ

【関連】湯帷子（ゆかたびら）、寝間着、花火大会、盆踊り、半幅帯

アイテム

浴衣

【Informal Summer Kimono】

　花火大会や夏祭りに、「浴衣」に下駄でそぞろ歩く「夏すがた」は、自分自身もまわりにも日本人らしさを感じさせ、気持ちが高揚するおしゃれです。お祭りに洋服で行ってもそうした趣は味わえないもので、日本らしい場で浴衣を着ることが、楽しさを倍にしてくれます。

　浴衣は夏の木綿の着物。しかも普通の着物と違って、洋服でいえば木綿のワンピースくらい気軽なもの。半幅帯でぱっと結べて、着つけもすこぶる簡単。帯揚げも帯締めといった小物も要りません。もともと昔は湯上がり着や寝間着でしたから、長襦袢なしで足袋も履かず、涼しく着こなすのがかっこよさ。着物の入り口に、浴衣から着なれていくのはおすすめの手です。

[P.112] 自分らしい柄を選んで
上：鮮やかな浴衣の柄は「金襴緞子《きんらんどんす》」、帯は「半巾小袋帯　銀鼠色」
下：しっとりモダンな浴衣は「雪花絞り」、帯は「半巾小袋帯　臙脂色」
[P.113] 夏祭りに浴衣スタイルで日本人のおしゃれを楽しむ。男性の浴衣は「桟」、博多織の角帯

いぶつぎれ

名物裂

【Celebrated Textiles】

「将来の名物裂」を集めて

【関連】茶道、名物裂写し、美術織物、更紗（さらさ）、間道（かんどう）、金襴緞子（きんらんどんす）

「名物裂」はお茶の世界で使われる言葉で、茶道具に使われる金襴緞子《きんらんどんす》などの絹織物の総称です。

「SOU・SOUの名物裂」は、本来の名物裂のような高級なものではなく、現代の日常を彩る布であり、「将来の名物裂」といった考えのものです。

江戸より続く伝統の布・伊勢木綿に、SOU・SOU独自のデザインを、手捺染でプリントした手ぬぐいの数々。「これが好き！」と選び集めた手技の手ぬぐいは、先々稀少な布になりうるもの。古人の宝物だった美しい裂のコレクションのように、「私だけの名物裂」を集めてみるのは、じつに楽しそうです。

[P.115] 一枚一枚自分好みを集めた、伊勢木綿の手ぬぐい。いつの時代か「名物裂」と呼ばれるかも

夏の定番、浴衣ワンピース

【関連】見立て、浴衣みたて（SOU・SOU名：ゆかたみたて）

SOU・SOU
デザイン

みたて衣

【Kimono-like Wear】

「見立て」とは、他のものになぞらえて表現すること。SOU・SOUの「みたて衣」は、着物に見立てた衣のこと。なかでも夏に人気を集めているのが、浴衣に見立ててデザインした、SOU・SOU流の簡易浴衣、「ゆかたみたて」のワンピースです。

浴衣に帯を着つけ、背筋をしゃんと伸ばしておしゃれを楽しむ日もあれば、気負わずさらりと装いたい日のおしゃれもあります。衿や袖、帯など、浴衣の持ち味をデザインに取り込んだゆかたみたては、下駄にも似合い、なにより浴衣を着た人と並んでもなじむかわいらしさが肝心です。

[P.116-117] 浴衣と同じムードで着こなせる「ゆかたみたて」。お揃い柄でペアルックも楽しめる
手前：麻の「ゆかたみたて」、柄は「おおらか とりどり 白南風《しらはえ》」
奥：「ゆかたみたて」とお揃いの柄の知多木綿の浴衣

地下足袋

【Tabi Shoes】

「地下足袋」は伝統のワークシューズであり、日本の履物の最高傑作と誇れるもの。その伝統性と機能性に、今の時代に合ったデザイン性をプラスしたのが、SOU・SOU発足当初から手がけてきた「テキスタイル地下足袋」。SOU・SOUのオリジナルの生地とソール、小鉤《こはぜ》との組み合わせで、裏地を見せて履いてもかっこうがよい。また、ちらっとのぞく足袋下（靴下）の柄合わせも楽しいところです。

国産地下足袋のつくり手との出会いの結晶で復活した「平成の地下足袋」。次代へ残すべき日本のおしゃれです。

【関連】小鉤（こはぜ）、テキスタイル地下足袋（SOU・SOU名：テキスタイルじかたび）

[P.118] 小鉤《こはぜ》をはずし裏めくり。地下足袋と足袋下の色柄の組み合わせが楽しい

[P.119] 新しい日本のおしゃれのマストアイテム、国産の地下足袋
右：看板アイテムのひとつ「股付地下足袋《またつきじかたび》」、柄は「金襴緞子《きんらんどんす》」
左：ブーツのようにスタイリッシュ。ロングセラーの「半革棟梁足袋《はんかわとうりょうたび》」

之

[ʃi]

しぼりぞめ

伝統の絞りをポップに

絞り染め

【Tie-dye】

絞り染めとは、布を糸で括り、縫い締めて防染し、模様を染め出す染色の技法。ほわっと浮かび上がるような立体的な染めは、一つとして同じものにならない表情が魅力です。

世界中に存在する技法であり、日本最古の染色法とも。日本の絞り染めの技術は多彩で、明治時代には100を超える技法があったとか。ただ各地に残された絞り染めの技術の継承は厳しく、なくしたくない技として意識したいものです。

SOU・SOUでは愛知県の「有松鳴海絞り」にはじまり、京都の「たばた絞り」「福しま絞り」など、国内の絞り染め職人とのコラボレーションに取り組みつつ、時代の風に合ったポップな絞りを提案しています。

【関連】有松鳴海絞り（ありまつなるみしぼり）、京都たばた絞り、福しま絞り

テキスタイル

[P.120] 手から手へ技を渡して400年。有松鳴海絞りには目に見えない価値がある

[P.121] 絞り染め職人とコラボレーションした手ぬぐい

右上：有松鳴海絞り、柄は「手蜘蛛《てくも》絞り」。右下：福しま絞り、柄は「半夏《はんげ》」

左上：有松鳴海絞り、柄は「麻の葉」。左下：たばた絞り、柄は「貴船《きふね》の雫《しずく》」

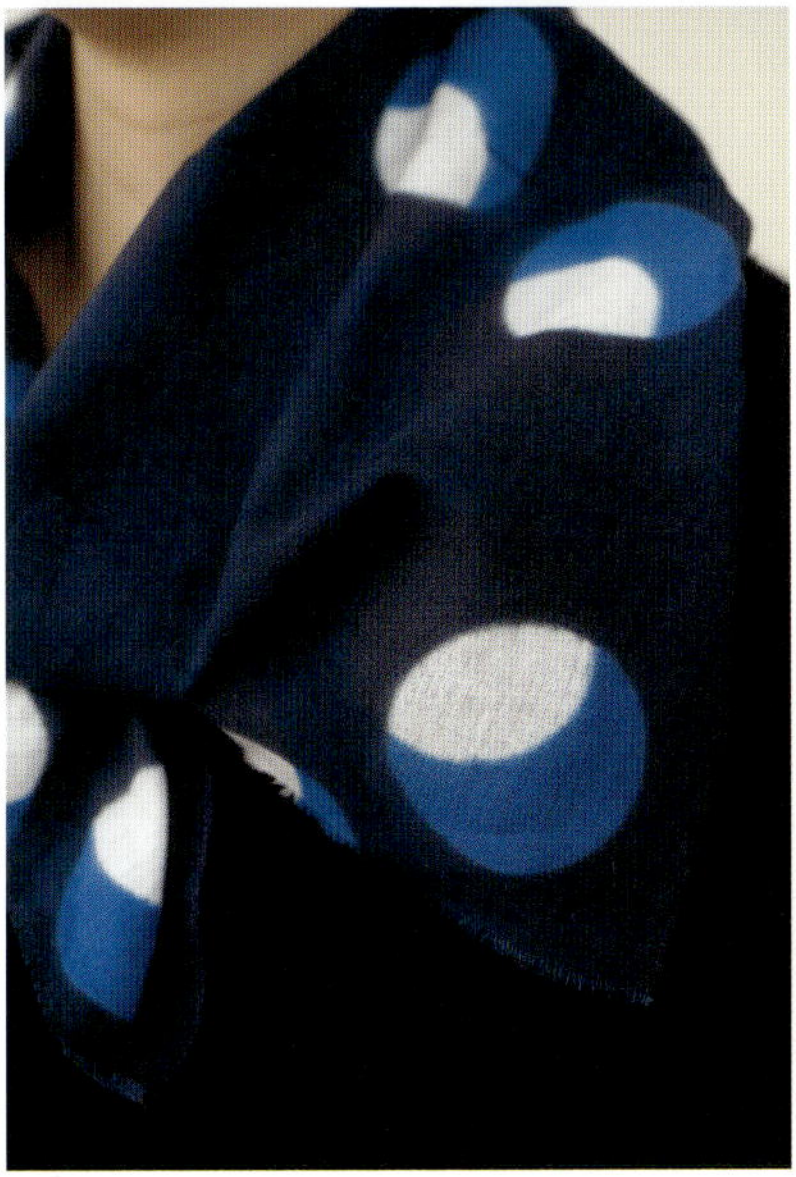
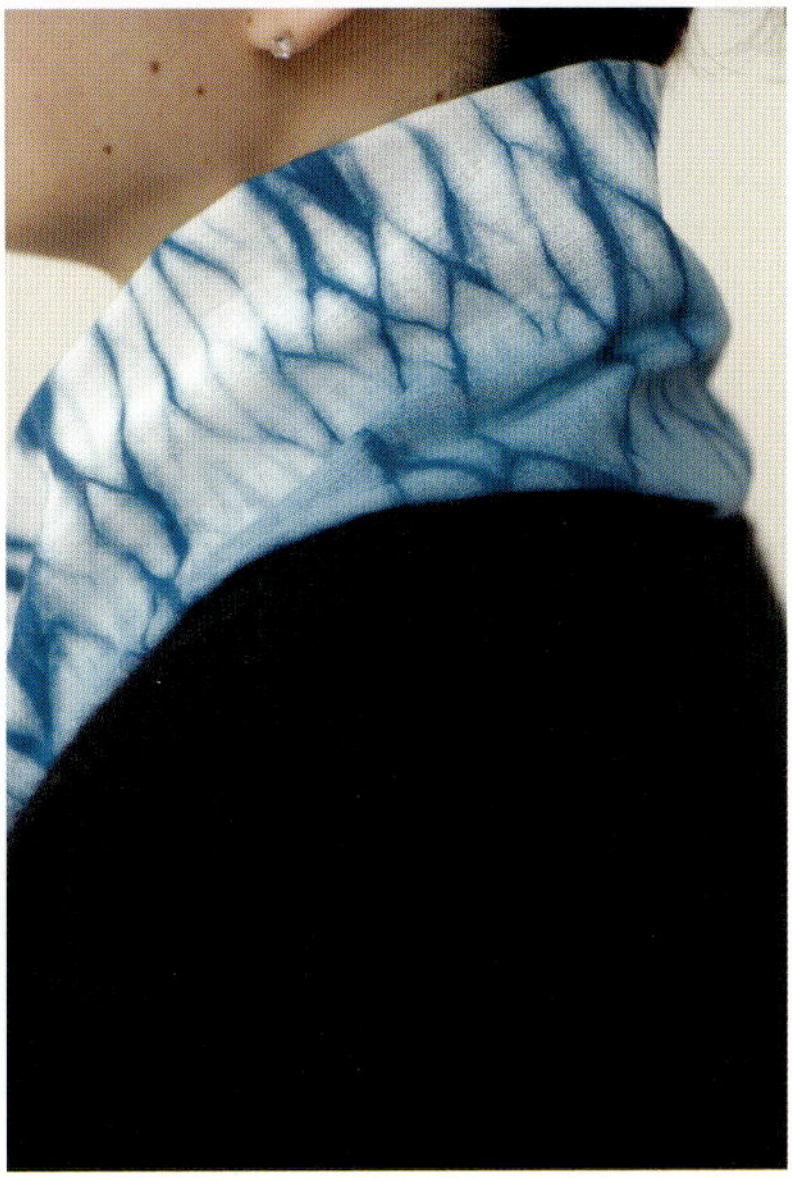

之

{ʃi}

じゅばん

襦袢

【Undergarment】

「襦袢《じゅばん》」とは着物の肌着のことで、いかにも古い日本の名称のようですが、じつはポルトガル語の肌着“gibão”が語源らしいのです。日本の民族衣装のしかも下着の名が外国語？　とふしぎな気がしますが、昔の人にとっては着物は日常のファッション。私たちと同じく、かっこよかったり楽しかったりする呼び名が広まったのでしょう。

そんな先人のおしゃれ心を引き継ぎ、SOU・SOUではインナーシャツ（肌着）を「ジバン」と呼んでいます。衿もとのアレンジで「被風ジバン」「衿巻ジバン」などデザイン多数です。

新和装のインナーシャツ

【関連】

GIBAN、被風ジバン（SOU·SOU名：ひふじばん）、衿巻ジバン（SOU·SOU名：えりまきじばん）

アイテム

[P.123] 右上：「薙刀貫頭衣《なぎなたかんとうい》」の丸首の衿からインナーの「薙ジバン」がのぞく

右下：羽織「被風《ひふ》」の衿をモチーフにしたジャケットと、その形に合わせたインナー「被風ジバン」

左上：「風靡《ふうび》 上」のインナーには同じ衿もとの「天竺《てんじく》風靡」が定番

左下：「小袖貫衣」のインナーには着物衿の「衿巻ジバン」

MADE IN JAPAN
SOU・SOU

甚平

【Men's Casual Summer Wear】

「甚平」は、夏の季語になっているくらい、定番のホームウェアです。綿や麻で仕立てた筒袖で、羽織のような簡単和装。なんといっても動きやすくて、風通しよく、涼しく着られるところが魅力です。

　基本メンズアイテムで、ボトムには同じ生地の「えんゆう穿き」（ステテコ）など膝丈ズボンをコーディネートします。このところは、親子で甚平を着こなすのも人気。夏祭りにお揃いで出かければ、「日本男子」のしゃれた装いといった感じで、ひと夏の思い出がいっそう鮮やかになるはずです。

【関連】甚兵衛羽織（じんべいはおり）、こどもじんべい、作務衣（さむえ）

[P.124] 汗をよく吸う伊勢木綿の「こどもじんべい」、柄は「まがさね　せいわ」
[P.125] 世代を超えて男子の夏のユニフォームに。男性の甚平は麻の「甚兵衛羽織」、柄は「きくまる」

column

恵

ゑんむすび

神縁を結ぶ、参拝の形

所作

神社への参拝の作法には、諸処のしきたりによって形が様々ありますが、基本は「二礼二拍手一礼」。これは神様にお願いごとを申し上げたり祈りを捧げたりする、「神縁」結びの手続き。おざなりに行わず、神様と仲良くなるための大切な形ととらえて、丁寧に行いましょう。

【二礼】
深い礼を2回します。

【二拍手】
両手を合わせて右手を少し引き、肩幅くらいに手を開き、柏手を2回します。

【願う】

両手を合わせて心から祈り、神様へ願いごとを伝えます。

【一礼】

最後にもう一度深く礼をします。

軽くて涼しい和紙の帽子

備前笠

【Bizen Braided Hat】

自由奔放に日本のおしゃれを楽しむ「傾き者（P.46）の帽子」がテーマ。傾き者ですから、本当は「兜《かぶと》」を被りたいところですが、いかんせん重くて暑く、日常には取り入れがたいもの。そこでかつて侍が被っていた「笠」をイメージに、より軽やかで涼やかな和装帽として創作したのが、SOU・SOUの「備前笠」です。

デザインの特徴は「笠」のように縦方向にセンタープレスしているところ。材料は和紙100％。いわゆる麦わら帽子同様、和紙編みは軽くて強く、紫外線をカットしてくれるのも和紙ならではのこと。備前は岡山県児島にて、ハンドメイドで仕上げられています。

【関連】
編み笠、被り笠、和紙、紙布（しふ）

[P.129] 岡山（備前）で作られた笠（被りもの）で「備前笠」。着物にも洋服にも合う
着用の着物は「からげ帷」

SOU・SOU
デザイン

単衣

【Unlined Kimono】

表地一枚で仕立てた着物を「単衣《ひとえ》」、裏地がついた着物を「袷《あわせ》」といいます。袷につける裏地の生地は「八掛《はっかけ》」と呼び、表地とのコーディネートを考えて色選びをします。

単衣と袷の着分けは、大まかに6～8月が単衣、9～5月が袷です。最近は温暖化で単衣を冬に着る人も多いのですが、お茶席などの場では、単衣と袷の着分けは厳密に守られています。

春には、春らしい色柄と軽い生地の袷の着物。6月の初夏は透けない生地の単衣、7月8月の盛夏は透ける着物。9月からは袷になり、色は秋らしいものを合わせます。冬の袷は、厚手の生地に色目も深いものが多くなります。

【関連】単衣仕立て、袷（あわせ）、八掛（はっかけ）、胴裏（どううら）

[P.131] 上：一枚で仕立てた「単衣」の着物、柄は「間がさね」
下：モスリンの着物、柄は「菊づくし」。表の色柄に合わせた八掛（裏地）をつけた「袷」の着物

被風

【Girl's Square Neck Jacket】

昔はおじさんのアイテムだったステテコが、今は若者たちのワードローブのひとつにチェンジしたように、「被《ひ》風《ふ》」もまた時代で、着る世代ががらりと変わったアイテムです。

四角い衿もとで、組み紐留めのデザインがポイントの外着・被風は、江戸時代は茶人や俳人が着るものでした。それが明治時代以後はアレンジされ、女性の和装コートになり、袖なしになって女児が着るものとなったよう。

SOU・SOUの被風は、防寒や動きやすさも評判。七五三にお正月、入園式などの祝い着はもちろん、日常着にしても愛らしさが際立ちます。

【関連】茶人、俳人、祝い着、七五三、わらべぎ、四角衿

[P.133] 右：「いせもめん　ひふ　せまもり」、柄は「きんらんどんす」
左：「いせもめん　ポンチョ　ひふ」、柄は「すずしろそう」

ねじった袖の羽織もの

もじり袖

【Folded Sleeve】

アイヌ民族の伝統衣装をモチーフにした羽織の袖が、「もじり袖」です。一枚の生地を折りたたみ、ねじったような袖の形から「捩る（もじる）」となったとも。

小袖（P.94）で紹介しましたが、袖の形にはいろいろあります。着物の形は長年かかって完成したもので、無駄がありません。もじり袖は、袖口が絞られているので袂がじゃまにならず、手先が動かしやすい。袖つきのたっぷりしたシルエットは、気になる腕まわり、お腹まわりなどを自然とカバーしてくれます。袖があると所作が優雅になることに加え、体型カモフラージュにもなる、うれしいディティールです。

【関連】
羽織袖、アイヌ衣、捩る（もじる）

[P.134-135] 袂がじゃまにならず着やすい羽織もの「もじり袖」、柄は「風雅」。スカートは「こしき」

モスリン

【Mousseline】

絹のような魔法のウール

【関連】
毛斯綸（SOU・SOU名：もすりん）

うっとりとする布の手触り。上質のメリノウールを使った織物「モスリン」は、独特の深みのある発色で、暖かく蒸れません。身にまとうと体にとろんと添う美しい落ち感が、着る人をよりきれいに見せてくれるヒミツです。

SOU・SOUでもファンがとても多い生地、モスリンは普段着のスターともいえる存在。ルーツは遠くメソポタミアの平織りの布が、日本に辿り着いたのは江戸末期。明治、大正、昭和と、職人の手技で、絹のごとく美しい布に昇華されたモスリンは、高級な絹に憧れてきた庶民の心を満たしたもの。日本で独自に発展した〈毛斯綸（モスリン）〉は、失いたくない伝統の布です。

[P.137] モスリンは和洋のアイテムに幅広く愛される素材
右：モスリンの着物、色柄は「菊づくし 重陽《ちょうよう》」
左：モスリンのスカート「こしき」に、モスリンの羽織もの「小袖貫衣」

もんぺ

【Working Pants】

働き者のおしゃれもんぺ

【関連】ワークパンツ、広形（SOU・SOU名：ひろなり）、細形（SOU・SOU名：ほそなり）

　着物時代に、日本の女性向きの作業パンツとして誕生し、昭和初期の戦時中は全国に普及していました。
「もんぺ」と聞くと、ひと昔前の野良着のイメージですが、SOU・SOUは普段着のアイテムとして、もんぺのニュースタイルを展開。ウェストはゴムで動きやすく、どしどし洗って気がねなく着られるところは継承し、伝統の布の帆布や麻を使い、素材とデザインの工夫でバリエーションをぐっと広げています。腰に帯がついたようなデザインの「帯もんぺ」、裾をタックで絞ったシルエットの「襞《ひだ》もんぺ」など、新しい気分で着こなせる、もんぺファッションが進化中です。

[P.138] おしゃれになった「もんぺ」は年中着回せる。右：「襞もんぺ」、左：「帯もんぺ」
[P.139] 右：久留米絣の「帯もんぺ」、柄は「すずしろ草」、上衣は高島縮「薙ジバン」
左：ジーンズ風の濃紺のもんぺ「襞もんぺ」、シャツは「大帷子《おおかたびら》 短丈《みじかたけ》」、柄は「すずしろ草と影」

勢
{se}
せ
まもり
子どもを守る祈りの形

背守り

【Amulet on the Back】

幼い子どもの成長を願って、母親が着物の背に施したお守りが「背守り」です。昔の子どもの着物には背に縫い目がなく、魔物をにらんで退散させる「目」がないとされ、刺繍やハギレでアップリケなどを施し、魔よけとしていました。生育や安全が確かでなく子どもの命を落とすことが多かった時代に、健やかな成長を祈ってつけられたもの。着物が日常着だった昭和戦前まで、全国で見られたようです。

子を思う親の気持ちは今も変わりません。愛情深い風習を引き継ぎ、SOU・SOUの被風（P.132）には背守りを施しています。赤い布の昆布〆のアップリケは、堅い結び目で、背から魔が入らないようにという祈りの形です。

【関連】
魔よけ、縁起もの、押し絵

[P.141] 子どもの上着「被風」につけた「背守り」は愛情の形。守っていきたい日本の風習
「いせもめん ひふ せまもり」、柄は「まがさね みやび」

扇子

【Folding Fan】

【関連】扇、舞扇（まいおうぎ）、飾り扇（かざりおうぎ）、京扇子、江戸扇子

近年、猛暑や節電のエコアイテムとして、手軽に涼がとれる「扇子」を愛用している人は少なくありません。

その発祥は平安時代の京都。当時は扇ぐ道具だけではなく、扇に和歌を書いて花をのせて贈ったり、風流なコミュニケーションツールとしても使われていたよう。時を経て、茶道や舞踊、落語などの持ち物になり、日本の文化にかかせない小物といえます。

これまでにない、色彩豊かなSOU・SOUの扇子は、京扇子の老舗［宮脇賣扇庵］謹製。職人の手技が光る扇子は、用を備えたアート作品のようでもあり。お気に入りの扇子をバックにしのばせていると、身近な美に胸ときめきます。

[P.143] デザインさまざまな紙扇子はすべて手仕上げ。両面プリント、あおぐと白檀の香りがする。[宮脇賣扇庵 謹製]
上から、柄は「金襴緞子」、「月夜」、「菊づくし 重陽」、「水玉／SO-SU-U」

頭巾

【Hood】

【関連】羽織頭巾、角頭巾、防空頭巾、フード、阿弥袖頭巾（SOU・SOU名：あみそでずきん）

頭巾は被りもので、布で頭や顔をカバーするもの。日本では江戸時代に、武士や僧侶などの間で流行したとか。昔の頭巾姿で頭に思い浮かぶのは、時代劇で黒や紫の布を被って顔を隠した頭巾姿だったり、戦時中の防空頭巾だったりするでしょうか。

今どきの街の頭巾はおしゃれです。SOU・SOUの傾き者（P.46）たちに人気の頭巾は、独特のフォルムです。「頭巾羽織」は、頭巾が一体化したデザインで、洋風にいうとフードつきジャケット。ニット頭巾は、江戸時代にあった着物の袖の形をモチーフにした袖頭巾で、防寒のスグレもの。いずれも頭巾アイテムは、被ると顔は隠れるのに、ただ者ではない存在感が光ります。

[P.145] 独特のフォルムを持つ頭巾は冬の必須アイテム
右・上下：フードつき羽織ものは「頭巾羽織《ずきんばおり》 単《ひとえ》」、柄は「桟《さん》」
左・上下：頭全体を覆うニット帽子は「阿弥《あみ》 袖頭巾《そでずきん》」、こちらも編み地の柄は「桟」

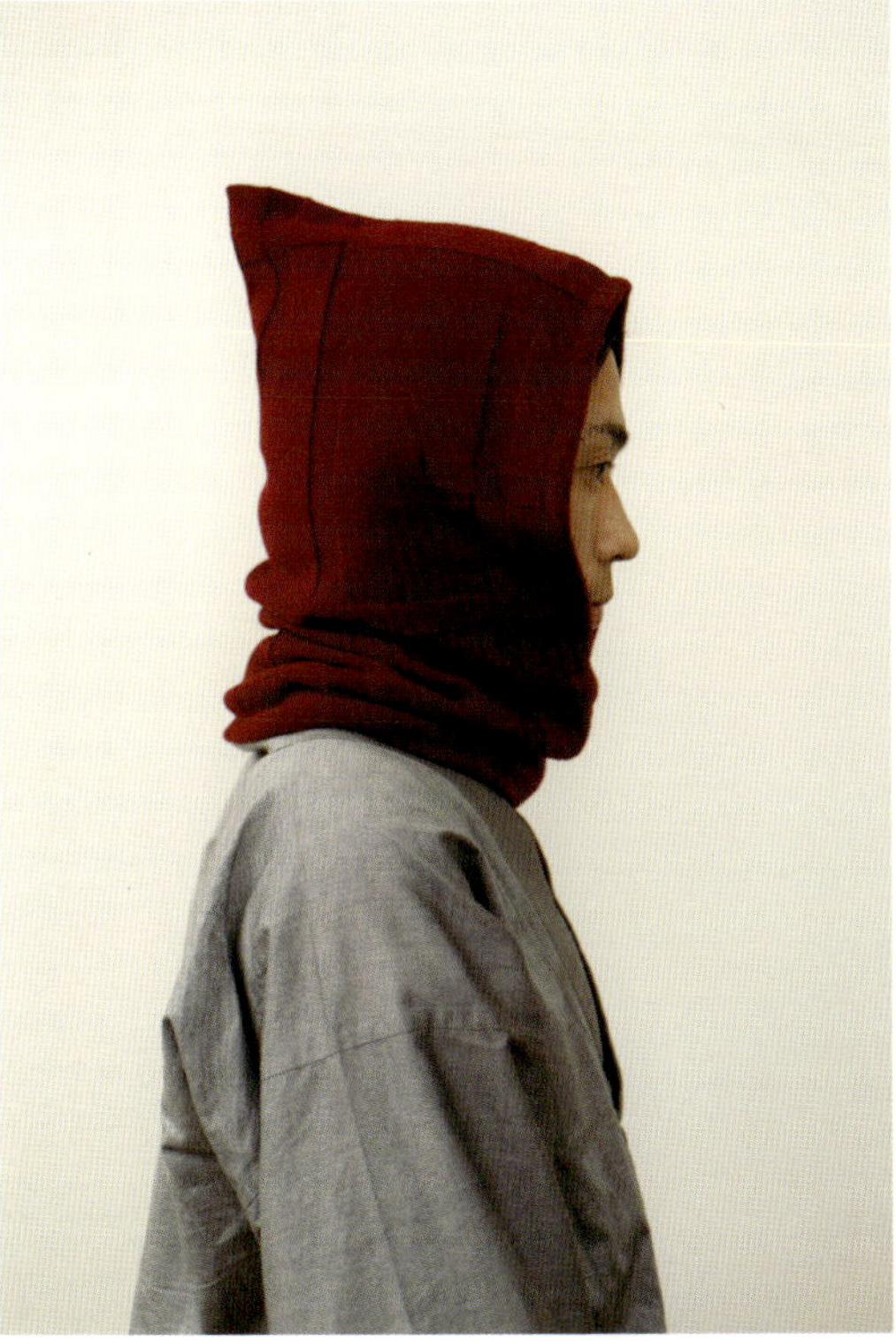

京

SOU・SOUの
おしゃれ栞

{和装の資料・用語補足}

着物・履物の名称

着物には洋服にないアイテムやパーツの名称があります。木綿着物や浴衣などカジュアルな着物を着たいときに、最低限知っておくと心強いものです。

女性の着物

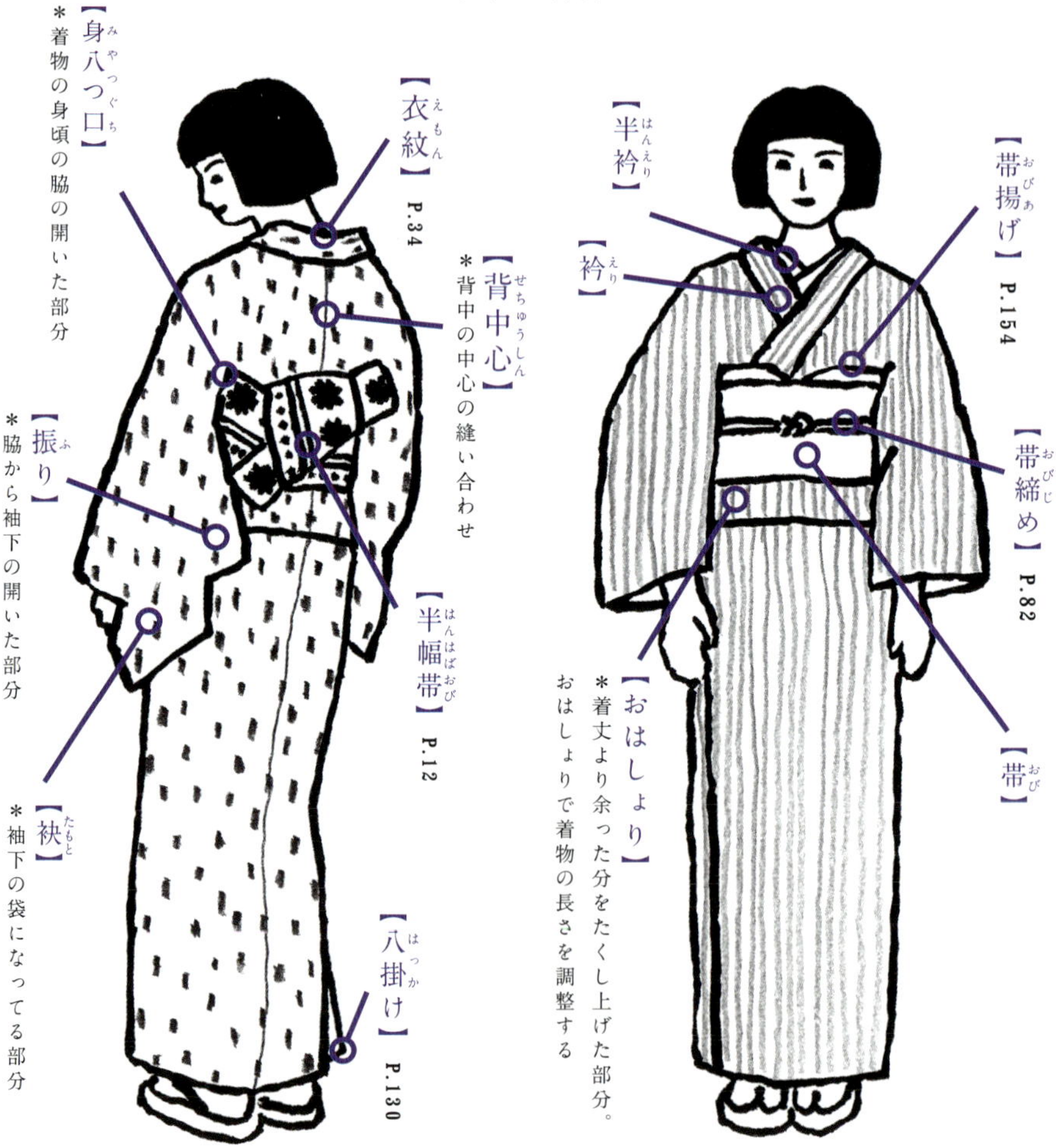

【身八つ口《みやつぐち》】
*着物の身頃の脇の開いた部分
【衣紋《えもん》】
P.34
【背中心《せちゅうしん》】
*背中の中心の縫い合わせ
【振《ふ》り】
*脇から袖下の開いた部分
【半幅帯《はんはばおび》】
P.12
【袂《たもと》】
*袖下の袋になってる部分
【八掛《はっか》け】
P.130
【半衿《はんえり》】
【衿《えり》】
【帯揚《おびあ》げ】
P.154
【帯締《おびじ》め】
P.82
【おはしょり】
*着丈より余った分をたくし上げた部分。
おはしょりで着物の長さを調整する
【帯《おび》】

【女性・着つけアイテム】

□長襦袢　□半衿（襦袢の衿カバーにする布）□衿芯（半衿の芯にする布）□肌着（汗を吸う下着で代用可）　□腰紐（着つけ用の紐）２本　□伊達締め２本　□帯板（帯前に挟む板状のもの）□*帯枕　□*帯締め　□*帯揚げ　＊…半幅帯にはなくても可　□足袋（下駄の場合なくても可）　□履物（草履か下駄）

足袋

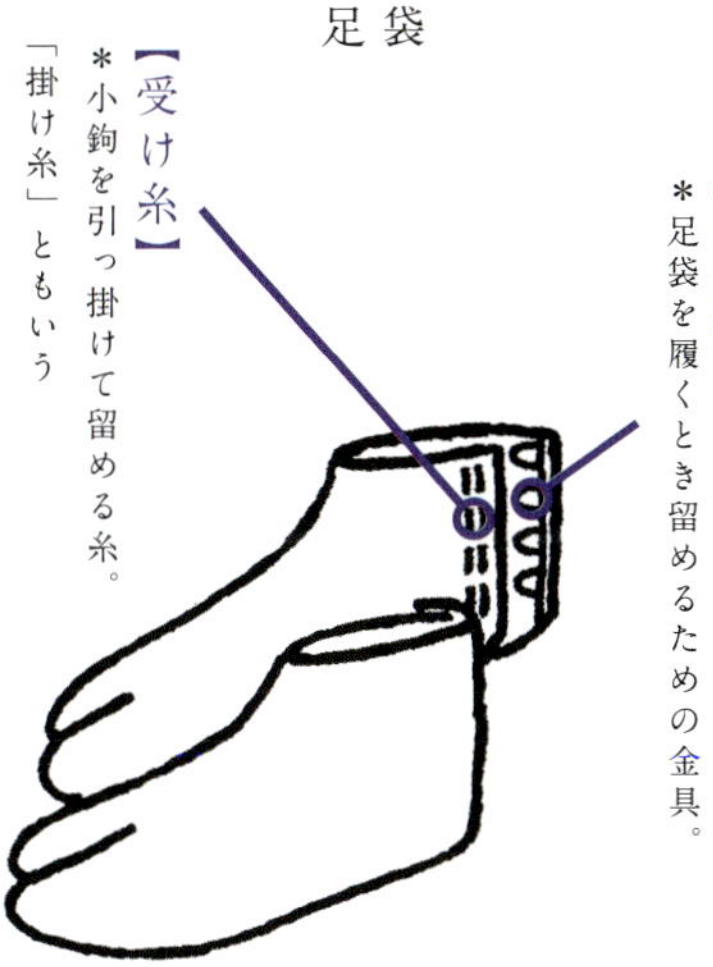

下駄

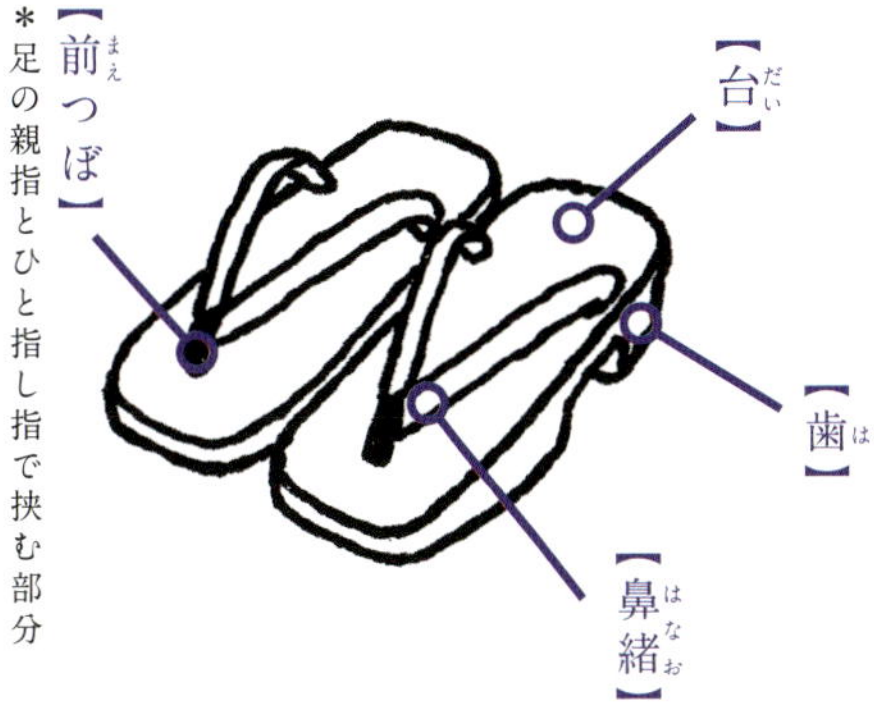

男性の着物

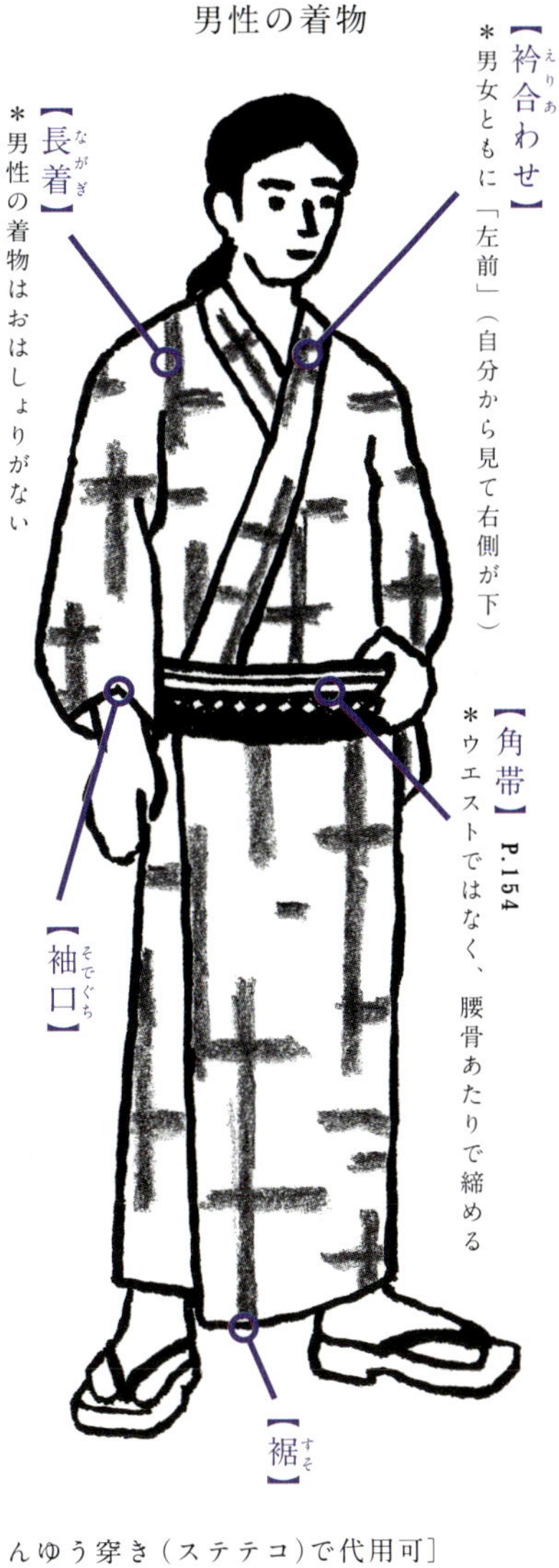

【男性・着つけアイテム】

□長襦袢　□半衿　□肌着［汗を吸う下着＋えんゆう穿き（ステテコ）で代用可］

□腰紐（着つけ用の紐）２本　□足袋（下駄の場合なくても可）□履物

SOU・SOUとつながる日本の伝統的なものづくり

［新・和装いろは帖］では、全国各地それぞれの歴史と風土によって育まれた伝統のものづくりを応援しています。ここではSOU・SOUとつながる産地、木綿など日常の布を作り続けてきた産地などを日本地図に付記しました。

【北海道】
［アッシ織（アイヌ衣装・もじり袖）］P.134

【東北】
福島県
［会津木綿］
［会津からむし織］
新潟県
［小千谷縮］

【関東】
静岡県
［モスリン］P.136

【東海】
愛知県
［有松鳴海絞り］P.120
［三河木綿］
［知多木綿］P.116
［さしこ（地下足袋）］

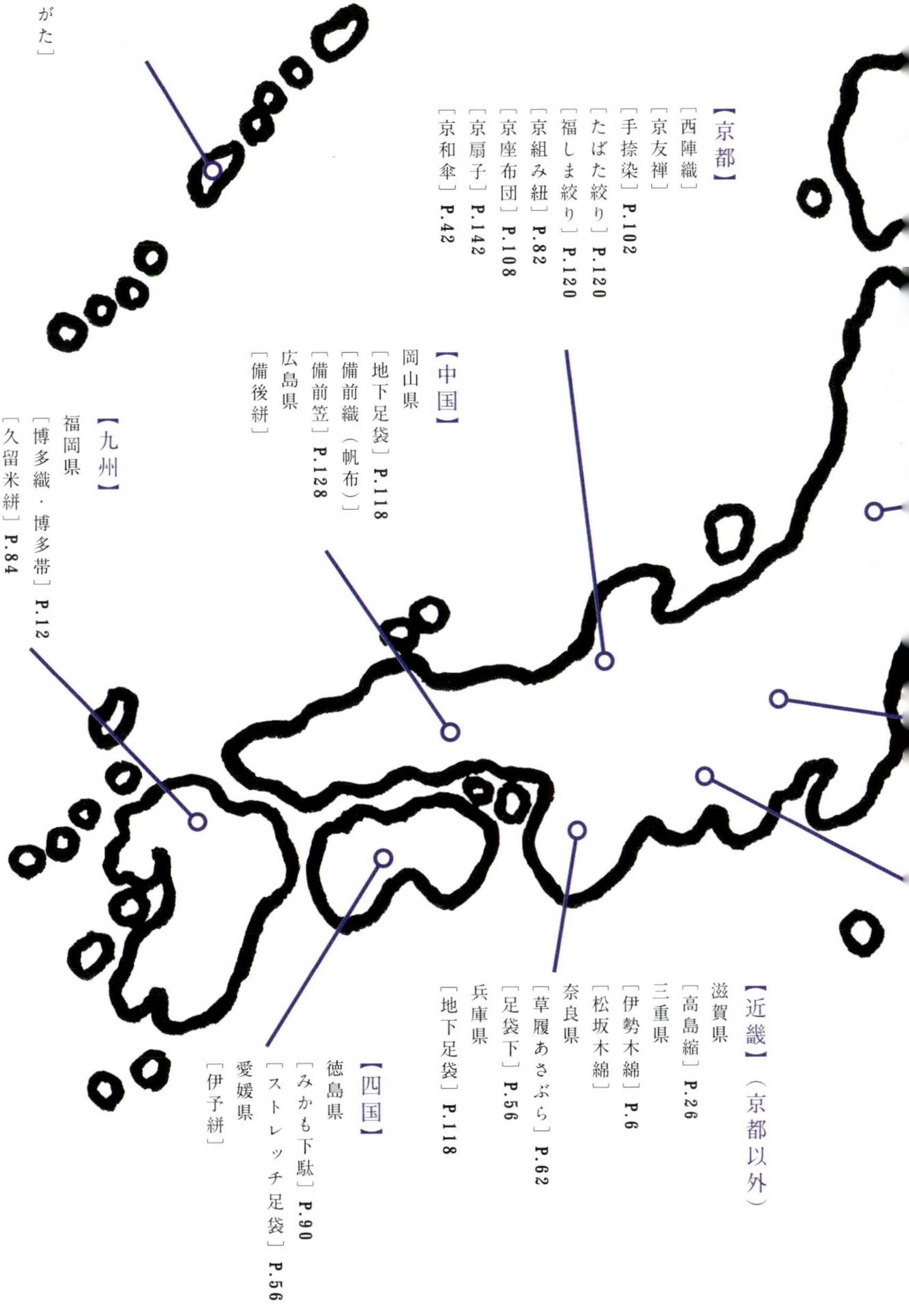

【京都】
［西陣織］
［京友禅］
［手捺染］P.102
［たばた絞り］P.120
［福しま絞り］P.120
［京組み紐］P.82
［京座布団］P.108
［京扇子］P.142
［京和傘］P.42

【近畿】（京都以外）
滋賀県
［高島縮］P.26
三重県
［伊勢木綿］P.6
［松坂木綿］
奈良県
［草履あさぶら］P.62
［足袋下］P.56
兵庫県
［地下足袋］P.118

【中国】
岡山県
［地下足袋］P.118
［備前織（帆布）］
［備前笠］P.128
広島県
［備後絣］

【四国】
徳島県
［みかも下駄］P.90
［ストレッチ足袋］P.56
愛媛県
［伊予絣］

【九州】
福岡県
［博多織・博多帯］P.12
［久留米絣］P.84
長崎県
［島原木綿］
鹿児島県
［薩摩絣］

【沖縄】
沖縄県
［芭蕉布］
［琉球絣］
［琉球びんがた］
石垣島
［八重山ミンサー織］

新・和装おしゃれ用語補足・索引

テキスタイル―布の基本知識いろいろ

技法、種類など

先染め【さきぞめ】糸の段階で染めてから柄を織ったもの

後染め【あとぞめ】白糸で織ったあとから生地を染めたりプリントしたもの

型染め【かたぞめ】型紙を使った染色方法 **P.102**

撚糸【ねんし】糸にひねり（撚《よ》り）を加えた糸。撚ると糸の強度が増す

強撚糸【きょうねんし】標準より強く撚りをかけた糸

弱撚糸【じゃくねんし】標準より弱く撚りをかけた糸。「甘撚りの糸」ともいう

正絹【しょうけん】混ざりのない絹糸で織った絹の織物

木綿【もめん】木綿の糸で織った綿織物

天竺【てんじく】Tシャツなど一般によく使われる薄くて頑丈な綿織物。天竺はインドの呼び名から

帆布【はんぷ】太番手の綿糸で平織りした厚手の布。丈夫でコシがあり、江戸時代には帆船の帆に使われていた

晒【さらし】漂白した木綿の布

絣【かすり】**P.84**

絽【ろ】・絽目【ろめ】・からみ織 **P.8**

縮【ちぢみ】・縮織【ちぢみおり】・高島縮【たかしまちぢみ】・楊柳【ようりゅう】**P.26**

しぼ 縮や縮緬《ちりめん》などの特徴で、布面に作られる細かな波状の凹凸 **P.26**

シャリ感【しゃりかん】布の風合いで、肌触りがやや硬く反発する感じ。肌に貼りつかず、涼感あり **P.26**

ふくれ織り【ふくれおり】紋様がふくれたように織り出される、ジャカード織りの技法の一つ **P.72**

手捺染【てなっせん】**P.102**

絞り染め【しぼりぞめ】**P.120**

豆絞り【まめしぼり】本物はプリントではなく、板締めという絞り染めによるもので、不揃いな豆粒に風合いあり。有松鳴海絞りのみでつくられている

雪花絞り【せっかしぼり】板締めの技法で「雪花」（雪の結晶）の模様に見えることからこう呼ばれる

藍染め【あいぞめ】・本藍【ほんあい】・ジャパンブルー **P.20**

更紗【さらさ】草花・鳥獣や幾何学文様など総柄で染めた綿布。インドやジャワから渡来

友禅【ゆうぜん】江戸時代、京都の扇絵師・宮崎友禅斎が創始。糊で防染し、多彩な模様を染めた技法。友禅染め

羅紗【らしゃ】**P.72**

モスリン **P.136**

起毛【きもう】布の表面をけばだたせたもの

箔【はく】金属を薄く打ち延ばしたもの

刺し子【さしこ】布の強度を増すために細かく刺し縫いすること。縫い目がデザインにもなる

色

鼠色【ねずみいろ】・四十八茶百鼠【しじゅうはっちゃひゃくねずみ】**P.68**

灰白色【かいはくしょく】わずかにグレーがかった白

つくも色『伊勢物語』が由来で、まっ白を表す。「百」から「一」を引くと「白」になることから、「九十九（つくも）」を白とみなす

鳥の子色【とりのこいろ】オフホワイトのような、黄味がかった白

濡羽色【ぬればいろ】カラスの羽のような艶やかな黒

黒緑色【くろみどりいろ】黒に近い深い緑。

瑠璃紺色【るりこんいろ】**P.36**

熨斗目色【のしめいろ】ややグレーを帯びた青

杜若色【かきつばたいろ】紫がかった青

浅葱色【あさぎいろ】薄い藍色

黄檗色【きはだいろ】あかるい黄緑

常磐色【ときわいろ】茶味のある深い緑

芥子色【からしいろ】茶色がかった黄

菜種色【なたねいろ】緑味の深い黄

深緋色【こきひいろ】濃い緋色、紫味のある暗い赤

丹色【にいろ】赤土のような色。赤褐色 **P.72**

臙脂色【えんじいろ】深く艶やかな紅色

はまなす色 鮮やかな赤紫

柄

格子【こうし】タテヨコの線で構成された文様。縞の太さや本数でデザインが変わり、縞と同じく様々な名の格子あり

縞【しま】・よろけ縞 **P.54**

鰹縞【かつおじま】鰹の模様のように藍の濃淡で色分けした太いタテ縞模様

子持ち縞【こもちじま】太い縞（親）と細い縞（子）が添った縞模様

万筋【まんすじ】ごく細いタテ縞模様

間【ま】・間がさね **P.88**

その他

鳥獣戯画【ちょうじゅうぎが】**P.30**

絵師【えし】**P.98**

光琳【こうりん】江戸時代に活躍した京都の天才絵師、尾形光琳。淋派という芸術流派の大成者

宗達【そうたつ】光琳と並び称される、近世の大絵師、俵屋宗達。京都在で、琳派の先駆けともいわれる

アイテム―伝統的な和服の装いアイテム

着物まわり

羽織【はおり】・羽裏【はうら】P.10

陣羽織【じんばおり】武将が陣中で用いた羽織の一種。戦国時代には大胆華麗な意匠あり⇩写真イ

イ

小紋【こもん】繰り返し模様が全体に配置された型染めの着物

紬【つむぎ】本来は真綿やくずまゆを手でつむいで手で織ったもの。先染めの糸で格子、絣、縞などの柄を織り出す

長着【ながぎ】男女ともに足のくるぶしまで長さのある着物で、「着物」と同義

八掛【はっかけ】・裾回し【すそまわし】袷の着物につける裏地のこと

浴衣【ゆかた】P.112

長襦袢【ながじゅばん】P.70

襦袢【じゅばん】P.122

袋帯【ふくろおび】輪に織ったものを芯を入れずに仕立て、筒になってる帯。正装に結ぶ

お太鼓結び【おたいこむすび】一般的な女性の帯の結び方。帯を結び上げたとき背中に出る四角い部分

名古屋帯【なごやおび】お太鼓になる部分は並幅で、他は二つ折りに仕立てた帯。普段の装いに結ぶ

半幅帯【はんはばおび】半分の幅に仕立てた帯。浴衣や木綿などカジュアルな装いに結ぶ。裏地をつけた小袋帯あり

博多帯【はかたおび】・献上帯【けんじょうおび】P.12

伊達締め【だてじめ】長襦袢や着物の着つけに使う、幅の細い単衣の帯。博多織の伊達締めが有名

角帯【かくおび】男性和装においての定番帯。幅の狭い帯

兵児帯【へこおび】P.22

帯締め【おびじめ】P.82

帯揚げ【おびあげ】帯結びに使う布。帯の上辺を飾る

帯留め【おびどめ】帯のアクセサリー。三分紐などに通して帯前を飾る

袴【はかま】P.14

野袴【のばかま】裾が細く仕立ててある袴。昔は旅行に着用したとか

被風【ひふ】P.132

扱帯【しごきおび】七五三などで用いられる飾り帯のこと。やわらかい絹の帯

もんぺ P.138

甚平【じんべえ】P.124

ちゃんちゃんこ P.28

綿入れ【わたいれ】裏地をつけて綿を入れた防寒衣。奈良・平安時代は絹綿が使われていたとも

綿抜きの朔日【わたぬきのついたち】4月1日のこと。防寒衣から綿を抜き袷に戻して着る、衣更えの日

丹前【たんぜん】・褞袍【どてら】厚く綿を入れた羽織。温泉旅館などに備えてある

頭巾【ずきん】P.144

履物・小物

足袋【たび】P.56

地下足袋【じかたび】P.118

草履【ぞうり】・草履あさぶら P.62

下駄【げた】P.90

駒下駄【こまげた】木をくり抜いて鼻緒をつけた一本造りの下駄。駒（馬）に似ていることからの名づけ

焼下駄【やきげた】表面に焼き色をつけた下駄。色はほかに「白木」「塗り」などあり

のめり 前の歯が斜めになっている形状の下駄のこと

右近【うこん】歯の高さがなく草履のようなデザイン⇩写真ロ

芳町【よしちょう】女性用下駄の定番デザイン⇩写真ハ

小町【こまち】前の歯が斜め、後ろ歯が丸い粋なデザイン⇩写真ニ

ロ

ハ

ニ

扇子【せんす】P.142

やたら編み【やたらあみ】P.86

和傘【わがさ】・京和傘【きょうわがさ】・和日傘【わひがさ】P.42

唐傘【からかさ】洋傘に対する和傘の総称。妖怪の「唐傘小僧」なども有名

番傘【ばんがさ】これも和傘の別称。商家で傘に番号をつけて客に貸したからとも

座布団【ざぶとん】・京座布団【きょうざぶとん】P.108

御朱印帖【ごしゅいんちょう】P.30

懐紙【かいし】懐に携帯できる二つ折りの和紙のこと。お茶席以外に、ちり紙、便箋などに用途様々 P.78

スタイル──伝統の型につながる着こなし、暮らし

貫頭衣【かんとうい】P.52

略礼装【りゃくれいそう】P.32

紋付袴【もんつきはかま】男子の正礼装。紋入りの羽織に袴・長着を合わせた装い

二部式【にぶしき】・二部式着物【にぶしききもの】P.16

単衣【ひとえ】・単【ひとえ】P.130

袷【あわせ】P.130

小袖【こそで】P.94

もじり袖【もじりそで】P.134

袖括り【そでくくり】P.64

脚結【あゆい】P.106

抜き衣紋【ぬきえもん】抜き衿【ぬきえり】P.34

片身替わり【かたみがわり】P.44
傾き者【かぶきもの】P.46
裏勝り【うらまさり】P.76
絡げ【からげ】P.48
頬被り【ほっかむり】P.18
共布遊び【ともぬのあそび】P.24
背守り【せまもり】P.140
紋【もん】・家紋【かもん】家系、地位を象徴する印、紋章。葵、菊などあり⇩写真ホ
づくし・菊づくし・桜づくし・宝づくし P.66
誂え【あつらえ】・お仕立て【おしたて】P.104
みたて P.116
真・行・草【しん・ぎょう・そう】P.60
名物裂【めいぶつきれ】・裂【きれ】P.114
裂【きれ】切れ端の意。布、布きれ、ハギレのこと
暦【れき】・旧暦【きゅうれき】P.58
二十四節気【にじゅうしせっき】節分を基準に春夏秋冬の四季を、6つに分けたもの
七十二候【ななじゅうにこう】二十四節気の一節気を、さらに3つに細分化したもの
掛物【かけもの】P.58
野点【のだて】・野掛け【のがけ】P.80
ふすべ茶【ふすべちゃ】松葉でお茶を点《た》てた利休の逸話から野点と同義で使うことも

ホ

SOU・SOUオリジナルデザイン

上衣

大帷【おおかたびら】P.19, P.25
頭巾羽織【ずきんばおり】P.145
小袖羽織【こそでばおり】P.10
小袖寛衣【こそでかんい】P.32
きさらぎ P.110
むささび P.74
莢【さや】莢はマメ科植物の種子を包んでいる殻のこと。莢の形のようにやさしく包みこまれる羽織もの⇩写真ヘ
かり衣【かり衣】衿なし小袖つきのシャツワンピース⇩写真ト
草衣【そうい】P.60
四角衣【しかくい】P.53
長方形衣【ちょうほうけい】P.53
違い袖【ちがいそで】P.44
抜き衿ジバン【ぬきえりじばん】P.35
衿巻ジバン【えりまきじばん】P.69
薙ジバン【なぎじばん】P.19, P.123
宮中袖【きゅうちゅそで】P.8, P.64
マタギ 北日本の「狩人」の呼び名からの名づけ。野生味香るフェイクファーベスト⇩写真チ

ヘ

ト

チ

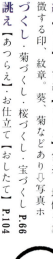

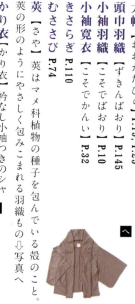

下衣

こしき P.60、P.136

宮中裾【きゅうちゅうすそ】P.107

寛衣下【かんいした】巻きスカート風のズボン。風通しよくくつろげる衣⇩写真リ

筒下【つつした】巻きスカートの内側が筒状のズボンになった衣⇩写真ヌ

袴形【はかまなり】P.14

えんゆう穿き【えんゆうばき】P.100

富士【ふじ】P.92

広形もんぺ【ひろなりもんぺ】・細形もんぺ【ほそなりもんぺ】P.138

襞もんぺ【ひだもんぺ】P.138

帯もんぺ【帯もんぺ】P.138

リ

ヌ

上下衣

風靡【ふうび　上下】P.16

みたて衣【みたて衣】P.116

からげ帷【からげかたびら】P.48

履物・小物

足袋下【たびした】・ストレッチ足袋 P.56

踵足袋【あくとたび】P.107

枯山水【かれさんすい】P.50

小手【こて】アームウォーマー。肘から手首からまでの部分をさす「小手」の意から名づけ⇩写真ル

備前笠【びぜんがさ】P.128

小巾折【こはばおり】P.96

皮一寸【ひいき】風呂敷などの持ち手アイテム。「皮（革）を一寸（ちょっと）足す」と「肩持つ（＝ひいき）」の意から名づけ⇩写真ヲ

穏【おだやか】角の折り返しになったデザイン。「角がとれて穏やかになる」の意から名づけ⇩写真ワ

ル

ヲ

ワ

その他

阿弥【あみ】編み（ニット）のこと。「圧縮阿弥」は圧縮ニット P.145

ひめ丈【ひめたけ】小ぶりサイズの意

はぎ丈【はぎたけ】ふくらはぎまでの丈の意

SOU・SOU 染めおり《so-me o-ri》

SOU・SOU オリジナルテキスタイルの店

モスリン、高島縮、久留米絣など、伝統の布を応援するSOU・SOUが各地の職人と一緒に今の暮らしに溶け込むようなテキスタイルを制作し提案しています。服や小物づくりなど手芸を楽しめる生地売りだけでなく、布を選んで着物を仕立てたり座布団をオーダーしたり、お誂えも気軽にできます。

SOU・SOU 在釜《zaifu》

オリジナル和菓子と抹茶を楽しむ茶席

月替わりのオリジナルテキスタイルに合わせた和菓子を、お抹茶（京都の老舗茶舗「丸久小山園」）や、SOU・SOUオリジナルブレンド珈琲（京都・下鴨にある珈琲の名店「カフェ・ヴェルディ」焙煎）とともに、立礼式のお茶席で楽しめます。和菓子は、江戸創業の京菓子司「亀屋良長」とコラボレーションしたもの。

SOU・SOU le coq sportif

SOU・SOU流のタウンサイクリング＆デイリーウェア

自転車で軽やかに過ごす人たちのために提案するタウンサイクリング＆デイリーウェア。SOU・SOUのデザインソースを用いて、フランスのスポーツウェアブランド「ルコックスポルティフ」とコラボレーション。古都にしっくりとなじむ、活動的でユニセックスなラインを展開しています。

[shop]

SOU・SOU KYOTO

京都の中心街、四条界隈のにぎやかな大通りから一本裏通りに入った路地に、SOU・SOUから誕生したカテゴリーショップが連なっているエリアがあります。そこへ集う人々の装いとともに、さながら“SOU・SOU村”といった風情を醸し、新しい和装の発信スポットとなっています。

着衣／傾衣／わらべぎ／足袋／伊勢木綿／布袋／染めおり／在釜／SOU・SOU Le coq sportif

SOU・SOU KYOTO 青山店

日本のおしゃれ中心地、青山・骨董通りに2013年移転リニューアルオープン。SOU・SOU KYOTOの各カテゴリーがぎゅっと凝縮されたショップ空間です。

SOU・SOU KYOTO San Francisco Store

サンフランシスコのジャパンタウンに2009年オープン。スタイリッシュで、グローバルなSOU・SOU人たちが集うショップ空間です。

『SOU・SOU』というテキスタイルブランドについて

伝統の続きをデザインした、新・和装のジャンルを開拓。これまでになかったカラフルでポップなテキスタイルをもって、地下足袋からスタートし、女性和装、男性和装、子ども和装と、のびやかに枝葉を伸ばしています。各カテゴリーの特徴をご紹介します。

SOU・SOU 着衣 kikoromo

自由で楽しい SOU・SOU 流の女性和装

本書に数多く登場している女性の和装カテゴリー。洋服に近いカジュアル和装から、二部式のように着物のシルエットを生かした新・和装、浴衣や着物などトラディショナルな和服まで様々なシーンを彩るアイテムを展開。流行や年代に関係なく、「自分らしいおしゃれ」を楽しむ和装を提案しています。

SOU・SOU 傾衣 kei-i

“傾《かぶ》く”がコンセプトの男性和装

おしゃれのお手本は、室町時代に「傾き者」(P.46) と呼ばれた人たち。傾き者とは、ほかと違った身なりの人や、自由奔放にふるまう人たちといった意で、そうした自由でおしゃれな先人たちのセンスを引き継ぐ「現代の傾き者」のための衣装を提案しています。

SOU・SOU わらべぎ

SOU・SOU 流の子ども和装

「童気：わらべぎ」とは、子どもらしい気持ちの意。伊勢木綿の手ぬぐい生地を中心にその他肌触りのよい素材を使って、SOU・SOU が考える子ども用の和装を提案しています。

SOU・SOU 足袋 TABI

世界唯一 JAPAN MADE 地下足袋

日本の履物の最高傑作といえる「地下足袋」は、世界のクリエーターも注目。世界唯一の国産地下足袋ブランドとしてカラフルでポップな世界を展開し、日常のおしゃれを楽しむ履物として提案しています。

SOU・SOU 伊勢木綿

伊勢木綿のテキスタイル手ぬぐい店

江戸時代から日常のおしゃれアイテムだった手ぬぐい。家事に使うふきんに、体や汗を拭くハンカチ・タオルなどの日用品から、頭に被ったり掛け物などインテリアにしたり。伝統の布・伊勢木綿の生地を使い、京都の四季折々の風情を映したテキスタイルデザインの手ぬぐいを展開しています。

SOU・SOU 布袋 hotei

SOU・SOU 流の袋物、和装バッグ

奈良時代からある、モノを包むための布は、室町時代に「風呂敷」と呼ばれはじめました。昔は文字どおり、風呂場で敷いて使っていたそう。風呂場に敷かなくなった現代でも、いろいろなシーンで使えるとても便利な布。SOU・SOU 布袋では、風呂敷をはじめ、SOU・SOU 流の和装に合う袋物を提案しています。

SOU・SOU（そう・そう）

『新しい日本文化の創造』をコンセプトにプロデューサー・若林剛之を軸として、テキスタイルデザイナー・脇阪克二、建築家・辻村久信らとともに、2002年京都にて設立。愛らしくポップな和のオリジナルテキスタイルを使った地下足袋から和服、家具などを制作・販売。年齢性別の枠なく、世界中にファンを持つ。「日本のおしゃれ」を支えてきた職人仕事を次の世代に残すべく、日本各地の伝統産業とコラボレーションに取り組み、そうしたものづくりの姿勢が、日本らしさを誇れるライフスタイルブランドとして支持されている。また近年はSOU・SOUのデザインソースをもって、様々なメーカーとのコラボレーションなども手がける。
http://www.sousou.co.jp/

Special thanks

株式会社ケイ・ステージ／下鴨神社（糺の森）／錦天満宮

参考文献

『図解 日本の装束』池上 良太（著）／新紀元社
『江戸衣装図鑑』菊地 ひと美（著）／東京堂出版
『伝統を知り、今様に着る 着物の事典』大久保 信子（監修）／池田書店
『[柄]きものと帯』浦澤月子（著）／小学館文庫
『日本の色辞典』吉岡幸雄（著）／紫紅社
『着物と日本の色 夏篇』弓岡勝美（著）／ピエ・ブックス

デザイン　髙橋了（mountain graphics）
写　真　大沼ショージ
　　　　SOU・SOU（巻末）
構　成　若林剛之　橋本真紀（SOU・SOU）
企画・文・スタイリング　おおいしれいこ
イラスト　脇阪克二（P.148〜P.151）
モデル　若林剛之、荒木正行、石田明日香、石田さよ子、今阪菜月、川勝拓、岸上愛、髙橋雄二、徳治達也、徳治千夏、古川帆南美、本間陽子、溝川祐美、山本聖美、吉田実加（SOU・SOU）
翻訳協力　森田ひとみ
校　正　大谷尚子
編　集　佐藤葉子

SOU・SOUの日本のおしゃれ【新・和装いろは帖】
伝統の続きにある和装のかたち、デザインを知る
2015年8月8日第1版第1刷発行

発行者　玉越直人
発行所　WAVE出版
〒102-0074　東京都千代田区九段南4-7-15
TEL03-3261-3713　FAX03-3261-3823
振替 00100-7-366376
info@wave-publishers.co.jp
http://www.wave-publishers.co.jp

印刷・製本　東京印書館

©SOU・SOU, 2015 Printed in Japan

落丁・乱丁本は送料小社負担にてお取り替えいたします。
本書の無断複写・複製・転載を禁じます。

ISBN978-4-87290-747-6
NDC593 159P 21cm